KB206093

믿음의 사람들 2

믿음의 사람들 2

펴 낸 날 2020년 7월 25일
지 은 이 이영하
펴 낸 이 장상태
펴 낸 곳 소망플러스
　　　　　서울시 서초구 서초동 1355-3 서초월드오피스텔 1605호
전　　화　02-6415-6800
이 메 일　is6800@naver.com

등　　록　2007년 4월 19일
신고번호　제2007-000076호

Copyright@소망플러스

ISBN 978-11- 87469-05-6　(93230)

믿음의 사람들 2

이영하 지음

소망플러스

여는 글

난 초등학교와 중학교시절 방황했다. 그것은 내 주위 환경 때문이었다. 중학교 졸업을 앞두고 교회 부흥회를 참석했다. 처음 교회를 나가게 되었고, 예수님을 믿었고 목사가 되겠다고 서원을 했다. 고등학교를 졸업하고 신학대학 문을 두드렸다. 그런데 이제는 사명에 대해서 방황을 하게 되었다.

두 가지 이유 때문이었다. 첫째는 체계적인 신앙훈련과 신앙교육을 밟아 본적이 없기 때문이다. 둘째로는 영적 체험이 만무하고, 하나님과 관계에 대한 확신도 없었기 때문이었다.

군대 전역 후, 부흥회를 통해서 하나님을 인격적으로 만나는 체험을 했다. 그제야 기독교의 본질을 알게 되었다. 처음 사역지부터 불가능 속에서 교회 건축이 이루어졌다. 두 번째 교회부터는 큰 부흥도 체험하게 되었다.

42년 목회에서 하나님을 영적으로 체험한 분들을 수없이 만났다. 여기에 기록된 짧은 이야기를 통해서 독자들이 하나님을 영적으로 만나길 소망한다.

2020년 초여름 시골농장에서

이영하 목사

contents

II. 성도들의 일화

contents

Ⅲ. 기타 일화

I. 목회자의 일화

1. 박석순 목사님

박석순 목사님은 1912년 평북 선천에서 태어나셨다. 김익두 목사님의 집회 때 목회자의 사명을 깨달아 1940년 28세때 평양 신학교에 입학을 하셨다. 해방의 기쁨도 잠시 공산당의 핍박 속에 6.25 때 단신으로 월남을 하여 1951년 6월, 40세 때에 고흥 포두 길두교회에 부임을 하셨다. 목사님의 길두교회 50년 삶을 세 가지로 돌이켜 본다.

첫째, 동역자 장정애 권사님의 만남

1952년 6.25가 끝나갈 무렵 목사님의 독신 목회의 불편함을 덜어 드리기 위하여 교회에서는 25세의 젊은 미망인 장정애씨를 부탁하여 목사님의 뒷바라지를 부탁하였다. 지금껏 50년을 목사님은 안방을 지키시고 권사님은 뒷방을 지키면서 헌신적으로 목사님을 수종 들어 주고 계신다.

목사님이 부흥회를 인도하러 가시면 권사님은 언제나 한 주간은 금식을 하였다. 그 많은 부흥회를 인도할 때마다 권사님도 사택에서 금식하며 기도하셨다. 이분들의 삶은 오직 인고의 삶이요 하늘나라의 아름다운 동역자 중의 동역자시다.

둘째, 개척교회 설립

길두 교회는 농어촌 교회로서 지금도 장년 출석이 500여명에 달한다. 우리나라에서 제일 큰 농어촌 교회라고 해도 과언이 아니다. 목사님은 교회에서 몇 리 떨어진 동네에 다가는 어김없이 개척 교회를 설립하셨다. 외산교회, 옥강교회, 평촌교회, 고흥중앙 교회, 신촌(포두동부)교회, 봉림교회, 홍양교회, 상포교회, 도양봉남교회, 오취교회, 남양망주교회, 백수교회를 설립하시고 1983년 은퇴하신 후 고흥서부교회, 화순중앙 교회, 우천교회를 설립한 후, 후배 목회자들에게 교회를 담임하도록 하였다.

셋째, 고성학교 설립

농어촌의 가난한 아이들을 가르치기 위하여 교회에 고성학교 중등반, 고등반을 설립하여 진학하지 못한 아이들을 가르치셔 여기에서 배출한 목사님이 수 십명 이다. 오직 인재 양성의 상록수의 삶 그대로였다.

2. 믿음의 사람 김찬영 목사님

북한 출신으로서, 남파 간첩으로 세 번째 내려와 결국 체포되어 15년간 수감 생활을 하였다. 감옥에서 예수를 믿고, 출소 후 목사가 되었다. 세 번의 남파 때마다 사선을 통과하게 하신 하나님의 특별한 섭리와 경륜을 믿기에 목사가 된 것이다.

1960년대 처음 중부 전선 한탄강을 넘어 올 때는 연락조의 임무였다. 남파 간첩 중에는 수영에 능숙하지 못한 사람이 있어서, 한탄강의 급류를 타고 내려오는 길은 생명의 위험이 뒤따랐다. 그래서 수영 실력이 특별히 뛰어난 사람이 연락조로 도와주었다. 고무 튜브 보트에 끈을 묶어서 동료를 이끌고, 수영으로 길을 안내하였다.

그런데 이때, 끈이 풀려서 고무 튜브를 탔던 동료 간첩은 국군에게 자연스럽게 체포가 되었다. 접선 장소에서는 국군들의 수색이 시작되었다. 완전히 포위됐으니 투항하라는 몇 차례 방송이 있었다. 옷은 팬티 하나, 온몸은 가시에 찔린 핏자국으로 쓰려 왔고, 낙엽으로 몸을 감추고 있는데 한 군인의 눈길과 서로 마주쳤다. 그 순간 총을 겨누며 침묵할 것을 표시하니 군인은 그대로 하산해 버렸다. 그래서 무사히 북으로 돌아갈 수 있었다. 그때 숨겨 놓은 비상식량을 20년 후 안기부 직원들과 함께 가서 찾아냈을 때, 안기부 직원들도 깜짝 놀랐다고 한다.

두 번째 남파 때는 동해안으로 침투하여 어느 묘지 비석 밑에 숨겨 놓은 무인 포스트를 찾는 것이었다. 당시에 우리나라 전 해안을 1~2Km 거리마다 서치라이트를 설치하여 교대로 바다를 비추고 있었다. 서치라이트가 비추어 사물을 식별할 수 있는 거리는 800m이다. 간첩선 모선은 800m 후방에서 대기하고 있다가 어느 순간 서치라이트가 멈추면 보트를 타고 상륙을 하기로 하였다. 그런데 상륙하면서 바닷가에 쳐 놓은 철조망을 건드리고 말았다. 군인들에게 이미 비상이 하달되었고, 재빨리 무인 포스트를 찾아가야만 했다. 이때 바다로 내려오는 길이 바뀌면서 생명을 구하게 되었다. 보트를 타고 모선으로 돌아오는데 뒤에서 총소리가 요란하고 조명탄이 하늘을 밝히고 있었다. 길이 바뀌어서 무사히 영해에 들어오게 되었다.

세 번째 남파 때에는 멀리 공해상을 돌아서 동해안으로 침투하려고 내려오는 길이었다. 그때에 한국에서는 간첩선을 추격할 수 있는 배는 최신형 군함 한 척이 있었다. 그런데 너무나 우연히 공해상에서 그 군함을 만났다.

이미 군함에서는 레이더로 간첩선이 지나는 것을 목격하고 접근해 오고 있었다. 간첩선은 군함을 발견하고 기수를 북으로 돌리는데 이미 때는 늦었다. 함포가 불을 품는데 간첩선을 한바퀴씩 돌면서 포탄이 떨어지고 있었다. 군함은 점점 가까이 다가오기에, 자살하기 위해서, 여섯명의 간첩이 어깨동무를 하고 수류탄 안전핀을 뽑았다. 그러나 수류탄이 불발탄이었다.

그때 국군은 간첩선에 상륙하였고, 여섯명 모두 체포가 되었다. 재판을 받기 전 공작 임무가 무엇이었는지 수많은 고문을 당했다. 여섯 명이 재판을 받을 때에 군함 함장이 변호를 맡아 주었다. 아무런 저항이 없어서 투항이나 마찬가지니 관대한 처벌을 부탁한 것이다. 그러나 선장과 기관장은 그동안 남쪽으로 침투한 횟수가 20번이 넘어 사형이 구형되었고, 그다음 사람은 무기징역 그리고 두 사람은 15년을 구형받았다.

한국에서 첫 감옥살이가 시작되었다. 감옥 안에서 오직 기도하며 성경만을 읽던 다른 죄수로부터 전도를 받았다. "형님, 앞으로 형기를 마치면 나와 함께 삽시다." 하며 그와 같이 교회 생활을 시작하였고 그 후 자신에게 전도를 했던 죄수는 출감하였다. 6개월이 지난 후 그 친구가 다시 감옥에 들어왔는데 얼굴을 외면하고 있었다. 그 친구가 그렇게 감옥을 드나든 횟수가 여섯 번이나 되었다. 그에게 실망하여 교회 출석을 중지하였다.

세월이 지나가고 15년 형기가 끝나가고 있었다. 12월 25일 성탄절 오후, 배가 고파 빵이 먹고 싶어서 예배를 참석하였다. 동명교회 장 집사님이 '돌아와 돌아와' 찬양을 부르는데 하늘에서 빛이 비추고 있었다. 회개의 영이 임하여 눈물 콧물이 한없이 흘러 내렸다. 처음 동명교회에 출석을 하여 최기채 목사님의 지도를 받으며 신학을 하여 목사가 될 것을 하나님께 다짐하였다. 세 번 사선을 통과한 것은 하나님의 특별한 섭리였다.

3. 말로 못하면 죽음으로 이성봉 목사님

'말로 못하면 죽음으로'가 이성봉 목사님의 좌우명이다. 그는 한국 교회사의 근세기에 가장 큰 영적 영향력을 주신 말씀의 사자이다. 필자는 이성봉 목사님의 일화 중에서 세상에서 많이 기억하지 못한 것을 몇 가지만 소개하고 싶다.

첫째, 그의 삶은 살아 있는 복음이었다. 그는 가장 검소하고 근검절약하며 다른 사람들을 위한 희생의 삶을 살았다. 언제나 물 한 모금을 마셔도 "성부를 위하여", "성자를 위하여", "성령을 위하여"라고 말하며 마셨다. 이성봉 목사님은 주위에서 누군가 다른 사람을 비방이나 험담할 때 그 자리에서 무릎을 꿇고 "하나님, 내 귀가 범죄하였나이다." 회개 기도를 하셨다. 그래서 이성봉 목사님 곁에서 남을 비방하는 이야기는 상상도 할 수가 없었다.

한국 전쟁 때에 순교를 각오하며 교회를 지키다가 인민군들에게 발견되었다. 인민군들이 이 목사님께 천국을 보여 달라고 요구할 때, "본점은 내

소관이 아니라 보여 줄 수가 없어도 지점은 내 가슴에 있으니 보여 드리겠습니다."라고 한 것은 너무나 유명한 이야기다.

둘째, 그의 삶은 주님을 위한 헌신의 삶이다. 도시 교회는 내가 아니어도 부흥회 인도할 목사님이 많이 있으니 도서 지방 전도를 힘쓰시겠다고 하셨다. 그는 전남 신안 지방 수많은 섬들을 다니면서 동네마다 일일 부흥회를 하였다. 지금도 전남 신안군에 성결 교회가 강성한 것도 여기에 기인했을 것이다.

셋째, 이성봉 목사님처럼 영적 영향력만큼 위대한 분은 없다. 세계 최대의 교회를 목회 하신 조용기 목사님을 전도하신 분은 최자실 목사님이다. 최자실 목사님은 이성봉 목사님의 집회에 참석하여 예수를 믿게 되었다. 김준곤 총재님과 이만신 목사님을 배출한 문준경 전도사님도 이성봉 목사님을 통해서 예수를 믿게 되었다. 이성봉 목사님으로부터 전해진 영적 영향력은 한국 교회에 미치지 않을 곳이 없을 정도이다. 그는 한국의 무디이다. 말로 못하면 죽음으로 생명을 하나님께 바치어 놓고 복음을 전했다.

4. 믿음의 사람 조동진 목사님

　구례중앙교회에서는 두 분의 목사님이 순교를 하셨다. 두 분의 순교비는 구례에 들어가기 전 국도변 동산에 세워져 있다. 일제 말엽 양용근 목사님은 신사참배를 거절하시고 1943년 12월 5일 광주 형무소에서 순교하셨다. 그 아픔도 다 가시기 전 한국 전쟁 때, 이선용 목사님이 1950년 12월 9일 지리산 빨치산들에게 순교를 당하셨다.

　사상도 이념도 모르는 젊은이들이 친구들에게 미혹되어 지리산은 우리나라 빨치산의 본거지가 되었다. 빨치산들은 거의 지역 주민들 중심으로 모였고, 특별히 산속에 사는 젊은 청년들이 많이 가담하게 되었다.

　낮에는 경찰들이 다스리고 저녁이면 빨치산이 다스리는 전쟁통 속에서 조동진 목사님은 구례중앙교회에 부임하셨다. 당시 신혼으로 사모님은 만삭인데 부임 첫날 밤 구례에는 경찰들과 빨치산들의 시가전이 밤새껏 벌어지고 있었다. 거의 뜬눈으로 밤을 새우고 아침에 일어나 보니 빨치산 다섯 명과 경찰 몇 명이 죽어 있었다. 아침에 경찰서에서 연락이 왔다. 목사님께 장례를 치러주라는 경찰서장의 부탁이었다. 조목사님은 "서장님, 빨치산도 같이 장례 치러주시죠." 라고 건의를 하였다. 서장님은 나 혼자 생각으로 할 수 없으니 상부에 보고해서 알려주신다고 하였다. 그리하여 오전에는 경찰 장례식, 오후에는 빨치산들 장례식을 치렀다. 조목사님이 빨치산들 장례를 치른 소식은 지리산 빨치산들에게 급보로 전해졌다. 그리고 빨치산 본부에서는 조동진 목사님은 절대로 해치지 말라고 전해왔다. 자기 친구들 장례를 치러주신 목사님을 그들은 다시 생각하게 되었다.

조목사님께 이념과 사상의 장벽은 아무것도 아니었다. 오직 아픔을 같이 나눈 형제들이요 사랑을 같이 나눈 형제들이었다. 조목사님은 그의 사랑으로 그들에게 인정받고 자신의 생명을 지키었다.

조목사님은 후암교회를 시무하시다 은퇴하시고 세계 선교 정보 연구소장으로 후진들에게 선교의 꿈을 키워주셨다.

5. 이성헌 목사님의 헤어 스타일

　이성헌 목사님은 대구 서문교회의 원로목사님이시자 증경 총회장이셨다. 그는 교단을 초월한 한국 교회의 큰 별이다. 대구 신학교에서 오랫동안 설교학을 강의하셨으며 대구 서문 교회를 대구의 가장 큰 대형 교회로 성장시킨 목회자이다.

　그는 대구 서문교회에서 전도사 시절부터 평생을 한 교회에서 시무하셨다. 대구 서문교회로 부임하시기 전 그의 헤어스타일이 문제였다. 1960- 1970 년대 한국의 점잖은 분들은 반드시 머리에 포마드 기름을 발랐다. 머리에 기름기가 흐르는 것이 머리의 정장이었다. 모든 사람이 머리에 기름을 바를 때에 이성헌 목사님은 포마드를 바르지 않으셨다. 그것이 목사님의 개성이었다.

　그런데 서문교회 전도사로 부임 전, 선을 보러 오셨을 때에 헤어스타일이 문제가 되어서 당회에서 부결이 되었다. 그다음 다른 전도사님이 서문교회 선을 보러 오다가 교통순경과 시비가 되어 불미스런 사건이 생겼다.

당회는 당황했고 전도사님을 모시는 일이 시험이 되었다.

　그러나 이성헌 전도사님을 추천하신 분들은 이성헌 전도사님이 헤어스타일은 독특해도 점잖으시고 실력이 있는 분이니 다시 생각해 보기를 권유했다. 그래서 당회에서 다시 결의하여 이성헌 전도사님을 모시게 되었다. 그의 헤어스타일은 처음에 점잖지 못하다는 오해가 되었지만 온 교회가 그가 시무하면서 그의 실력을 인정하게 되었다.

　지금 같으면 헤어스타일이 그렇게 큰 문제가 되었겠는가? 한 세대가 지나가면서 극복해 가는 문화의 한 단면인 것 같다.

6. 주님 왜 우십니까?

1960년대 이중표 목사님이 전라북도 정읍 고부교회에서 시무할 때 이야기다. 고부 땅은 이조 말엽 녹두장군 전봉준이 동학혁명을 일으킨 발상지로 유명하다. 고부에서 태어나 한신대를 졸업한 이중표 목사님은 고향에서 열심히 사역을 감당하고 있었다.

당시의 국제 정세는 베트남 전쟁으로 세계가 떠들썩하였고 우리나라도 미국의 강요로 파병을 하였다. 프랑스가 베트남을 식민지로 지배하다가 떠나게 되었고, 베트남은 남북으로 나누어져 북쪽은 공산 정권이 들어서고 남쪽은 미국의 도움으로 민주 국가가 세워졌다.

남쪽 베트남이 공산화되어 가는 것을 막기 위하여 미국은 파병을 하였지만 가장 큰 대가를 치루고도 전쟁에서 패배하였고 베트남은 공산 정권으로 통일이 되었다.

베트남 전쟁은 우리 한국 역사의 한 전환점이 되었다. 비둘기 부대의 파병에서 시작하여서, 청룡부대, 맹호부대, 백마부대까지 파병이 되었다. 60

년대 우리나라는 보릿고개의 고통을 가진 빈민국가였다. 당시에 우리나라는 베트남 전쟁에 흘렸던 피값으로 경부 고속도로를 건설하였고 경제 건설의 기틀이 세워졌다. 가난한 시골 청년들은 전쟁에 나가서 받은 한 달 생명수당 100달러를 1년 동안 모아 시골에서 한 살림을 준비하였다.

이런 전쟁에 고부교회 한 청년이 파병이 되어서 온 교회는 그 청년을 위하여 기도하고 있었다. 그는 가난하여 전쟁터에 나간 사람도 아니요, 서울에서 대학을 다닌 부유한 집안의 아들이었다. 그러나 교회를 사랑하는 뜨거운 마음으로 파병을 하였고 생명수당 전부를 고향 교회에 헌금으로 바치었다.

이중표 목사님은 제직회의에서 이 돈은 특별하게 사용하자고 의논하여서, 교회에 새로 종각을 건립하고 종을 달았다. 이 목사님은 새벽마다 친히 종을 치면서 이 종소리를 들은 고부 사람들이 하나님을 믿게 해 달라고 눈물을 흘리면서 종을 쳤다.

어느 날 새벽, 눈물로 종을 치는 이중표 목사님 앞에 주님이 환상 속에 나타나셨다. 주님도 울고 계셨다. "주님, 왜 우십니까?", "내 종아, 너의 눈물은 나의 눈물이니라." 이중표 목사님은 그 자리에서 무릎을 꿇고 통곡하며 기도를 하였다. "내 안에 성령님이 역사하시어 나의 눈물이 주님의 눈물이었구나."

7. 김성곤 선교사님의 신혼여행

일생 동안 잊을 수 없는 추억 중 하나가 신혼여행일 것이다. 지금은 신혼여행 국내보다 해외를 더 많이 선호하고 있다. 그래서 외국 관광지마다 신혼 여행 커플들이 넘친다.

태국 선교사로 사역하고 있는 김성곤 선교사님은 1980년 총신 신대원 3학년 때에 결혼을 하고 신혼여행을 소록도로 다녀왔다. 전라남도 고흥에 있는 작은 사슴 섬, 소록도는 나환자 정착촌으로 너무나 유명하다.

소록도는 일본 사람들이 국가 시책으로 개발하여 나환자 정착촌을 만들었고, 중앙 공원은 국내 공원 중에서는 거의 최고라고 할 수 있을 정도로 아름다운 수목이 있다. 일본 원장은 중앙 공원을 만들 때에 채찍으로 나환자들을 다스렸고 자신의 동상을 세우고 그곳에 참배를 강요하였다. 지금은 아름다운 공원을 구경하기 위해 관광객이 그치지 않는다.

김 선교사님은 소록도 중앙교회 당회장 김두영 목사님께 편지를 띄워서 신혼여행을 허락받았다. 김두영 목사님은 흔쾌히 승낙을 하셨고, 새벽 집회의 설교까지 부탁을 하셨다. 소록도의 성도들은 전도사님이 신혼여행을 소록도에 오시고 새벽 설교를 하신다고 하니 모두 다 큰 감동을 받았다. 그리고 그 말씀을 갈망하며, 새벽에 철야기도를 하신 성도들이 300명이 넘었다.

소록도에서 첫날 밤 김 선교사님은 심한 현기증을 느끼며 잠이 깨었다. 연탄가스 중독이었다. 수년 동안 비어있는 방에 연탄을 넣으니 구들장 빈 틈새로 가스가 스며든 것이다. 보통 연탄가스가 중독되면 오히려 깊은 수면으로 들어가 화를 당한다. 그런데 가스 중독된 사람이 어떻게 잠이 깰 수가 있었을까? 그를 위하여 밤새 철야 기도하는 300여 명의 성도와 하나님의 손길이 지켜주고 있었다.

그는 소록도의 인연으로 태국에서 나환자 정착촌을 건설하였다. 태국 보건사회부 장관은 우리 정부에서도 하지 못하는 일을 어떻게 할 수가 있는가 질문을 하였다. "이것은 내가 하는 것이 아니라 하나님과 한국 교회가 하는 일입니다. 십만 평의 땅을 매입할 수 있도록 협조해 주십시오." 그는 허락을 받아 나환자 정착촌을 만들고 그곳에서 사역을 하고 있다. 하나님은 협력하여 선을 이루신다. 그러나 우리는 우리의 삶을 하나님께 헌신해야 한다.

너희 안에서 행하시는 이는 하나님이시니 자기의 기쁘신 뜻을 위하여
너희로 소원을 두고 행하게 하시나니 [빌 2:13]

8. 양심의 가책

1945년 8월 15일 해방이 되어서 수많은 목회자와 성도들이 출옥하였다. 광주 교도소에서 출옥하신 손양원 목사님은 가족이 흩어져 있는 부산으로 내려가 가까운 교회에서 수요일 저녁 설교를 하셨다. 손양원 목사님은 강단 위에서 제일 먼저 일본의 신사를 집어 던지며 크게 분노하셨다고 한다.

반면에 이때, 서울의 한 교회에서 출옥하신 목사님이 눈물을 흘리며 설교를 하고 계셨다. 성도들은 모두 감격하고 눈물을 흘리며 말씀을 듣고 계셨다. 목사님의 얼굴만 뵈어도 그들에게는 은혜가 임한 것 같았다. 그런데 강단에서 설교를 하신 목사님은 뜻밖의 말씀을 하셨다.

"나는 실패자입니다. 고문을 더 이상 견딜 수 없어 우상에 절하고 출옥하려고 생각했습니다. 그런데 갑자기 해방이 되어서 출옥했습니다. 나는 승리자가 아닙니다. 죄인입니다."

일제가 우리나라를 지배하던 36년간은 한국 교회에서 많은 순교자를 배출했지만, 한국 교회는 하나님을 배반하였다. 1938년 장로교 총회장 홍택기 목사는 신사참배는 국가적인 시책이라고 신사참배를 가결했다.

선배 목사님 한 분은, 사모님이 오랜 병상에서 일어나지 못하고 계셨다. 가정생활이 너무 힘들었다. 목회에도 수많은 어려움이 더하였다. 어느 날 목사님은 탄식을 하면서 하나님께 기도했다. '하나님, 제 아내를 회복시켜 주시지 않으려면 차라리 불러가십시오.' 얼마 후 사모님은 하늘나라로 부름을 받았다. 그날부터 목사님은 양심의 가책이 밀려왔다. 자신 때문에 아내가 죽은 것 같았다. 너무 괴로워 목사님은 40일 금식기도를 하면서 회개를 하였다.

"믿음과 착한 양심을 가지라 어떤 이들이 이 양심을 버렸고 그 믿음에 관하여는 파선하였느니라." [딤전 1:19]

양심 파선은 믿음 파선이다. 사도 바울은 집사의 자격을 "깨끗한 양심에 믿음의 비밀을 가진 자라야 할찌니라" [딤전 3:9]고 하였다.

그러므로 누구든지 이런 것에서 자기를 깨끗하게 하면 귀히 쓰는 그릇이 되어 거룩하고 주인의 쓰임에 합당하며 모든 선한 일에 예비함이 되리라. [딤후 2:21]

9. 왜 자기 눈을 못 떠?

　서울 봉촌동 남부교회 성도의 이야기다. 30대의 젊은 집사님의 시아버지가 입원을 하였다. 병원에서 6개월 밖에 살 수 없다는 시한부 선고를 받아 집사님의 발걸음은 너무 무거웠다. 시아버지는 아직 젊은 나이기에 너무 안타까웠다.

　힘없이 집으로 돌아오는데 길가에 앉아서 점치는 소경이 갑자기 불렀다.

　"여보시오, 당신 시아버지 6개월 밖에 못 삽니다." 집사님은 자기 귀를 의심하였다. 어떻게 소경이 우리 집 일을 상세히 아는가하여 발걸음을 멈추었다.

　"당신 시아버지 살리려면 부적을 사세요." 부적의 값은 고가였다.

　집사님은 신앙에도 걸리고 돈도 없었고 목사님께 상의를 해야겠다고 생각을 하였다. 남부교회 조광채 목사님은 많은 은사도 체험하시고 영적인 눈이 열리신 훌륭한 목사님이셨다.

　조광채 목사님은 목회를 하시면서 많은 상담을 받았지만 집사님의 신앙에 실망이 앞섰다. 집사님의 믿음과 영적인 상태가 어린아이였다. 조 목사님은 집사님에게 물었다.

"집사님, 죽을 사람이 사는 것이 쉽습니까? 소경이 고침을 받는 것이 쉽습니까?

"죽을 사람은 살릴 수 있다면 왜 자기 눈을 못 떠?" 권면을 하면서 보내었다.

지금 무당집 단골들이 교회 다닌 사람들이 많다는 이야기를 잘 알고 있다. 교회를 다녀도 구원의 체험이 없고 성령의 체험이 없는 사람들이다. 십자가의 죄 사함의 은혜를 모른 사람들이다.

사마리아 마술쟁이 시몬은 빌립에게 세례까지 받았지만 베드로에게 나타난 성령의 능력을 돈으로 사려고 했다. 자신의 마술을 돈을 주고 배웠기 때문이다. 베드로는 시몬에게 "너는 불의에 매인자요 악독이 가득한 자"라고 책망을 하였다.

기독교의 신앙은 인격의 수양도 아니요 기복의 신앙도 아니요 예수 믿고 구원 받는 죄 사함의 은혜이다.

10. 용서

　6·25 한국전쟁은 이 나라에 천만 이산가족을 만들었다. 전쟁이 끝난 지 70년이 다 되어도 이들의 아픔은 아직도 치유되지 않고 있다. 하루아침에 부모 잃은 고아가 얼마인가? 이 문제를 가장 심각하게 여기며 가장 고통을 겪은 사람들이 목회자들이었다. 일생을 독신으로 하나님의 사역을 하셨던 목회자들이 수없이 많다. 그중에 서울 평안 교회에서 시무하셨던 이성택 목사님, 부산 부전 교회의 한병기 목사님, 고흥 포두 길두 교회의 박석순 목사님은 성자의 삶을 사셨다.

　춘천에서 목회를 하셨던 목사님 한 분은 독신 목회의 아픔이 그 누구보다 더 크신 분이었다. 1950년대 우리나라는 전쟁의 폐허 속에서 너무나 가난했다. 문화 시설은 거의 전무하였고 당시에 남자들이 밥을 하고 빨래를 하는 일은 거의 없었던 시대였다.

　그래서 춘천에 사역 중인 독신 목사님의 손발이 되어 드릴 식모 아주머니를 구하게 되었다. 몇 년의 세월이 지났을까? 식모 아주머니가 임신을 했다. 온 교회가 난리가 났고 식모 아주머니는 교회의 추궁 끝에 목사님의 아이를 가졌다고 고백하였다. 목사님은 아무런 변명 없이 교회를 떠나셨다.

후임 목사님이 오셔서 열심히 기도하고 말씀을 전해도 교회는 계속 찬바람만 불고 있었다. 성령이 떠나버린 제단이 되었다. 특별 회개 부흥회를 하면서 하나님의 은혜를 간구하였다. 그러던 어느 날 목사님의 식모였던 여집사님이 애통하며 자신의 죄를 자복하였다. 자신의 임신 사건은 목사님과는 아무런 상관이 없었다. 그는 시아주버니와 불륜 죄를 지었고, 모든 허물을 목사님께 돌렸던 것이다. 그러나 목사님은 한 여인의 십자가를 말없이 자신이 짊어지셨다.

담임 목사님은 그날부로 교회에 사임을 통보했고, 교회에서는 전임 목사님을 다시 모시고 왔다. 온 교회가 애통하며 회개하니 은혜가 넘치기 시작했다. 이산가족의 목회자들은 다른 사람이 알지 못하는 이중고까지 감수하여야 했다.

11. 고재봉과 차남진 목사님

1965년 우리 군대에 무서운 하극상의 참사가 있었다. 전방 한 부대에서 사병이 대대장 식구 5인을 도끼로 찍어서 무참하게 살해를 한 것이다. 그것은 복수극이었다. 그 주인공이 고재봉이다.

사건의 내막은 이러했다. 고재봉은 군에서 사고를 쳤고, 육군 교도소에 수감되었다. 본인은 아무리 생각해도, 너무 억울한 일이었고, 결국 복수의 칼을 갈게 되었다. 그러나 그가 출소하여 부대로 복귀했을 때 이미 대대장은 다른 부대로 전출을 가버렸고 신임 대대장이 부임을 하였다. 이 사실을 전혀 모른 고재봉은 어느 날 밤 대대장의 숙소로 잠입하여 무참하게 만행을 저질렀다.

그리고 그는 모든 것을 체념하고 죽을 날을 기다렸다. 그가 뒤늦게 후회한 것은 그가 죽인 대대장은 자기가 죽이려고 했던 사람이 아니었다는 것이다. 군 재판은 진행되고 고재봉은 사형 일을 기다리고 있었다. 모든 사람의 면회를 거절했던 그에게 차남진 목사님이 찾아갔다. 차남진 목사님은 그 당시 총신대 교수였으며 유명한 부흥강사였다. 차남진 목사님을 만난 고재봉은 마침내 무릎을 꿇고 예수 그리스도를 영접했다. 눈물로 통회를 하였다. 그러나 사형은 피할 수가 없었다.

고재봉의 사형일이 다가왔고 사형이 집행되었다. 고재봉은 집행관에게 마지막 한 가지 부탁을 하였다.

"내가 마지막 찬송을 부르며 가고 싶습니다. '인애하신 구세주여 내 말 들으사 죄인오라 하실 때에 날 부르소서.' 이 찬송이 끝날 때 총을 쏘십시오." 군에서 사형 집행은 총살이다. 사형수의 두 눈을 수건으로 가리고 군인들이 총살을 한다. 여기에 참여한 다섯 군인 중에, 한 사람의 총에는 공포탄이 들어 있다. 그래서 모든 사람이 자기가 쏜 총에 공포탄이 들어있는 것으로 믿는다. 고재봉은 찬송을 부르며 그렇게 하늘나라로 떠났다.

내가 산을 향하여 눈을 들리라 나의 도움이 어디서 올꼬
나의 도움이 천지를 지으신 여호와에게서로다. [시 121:1]

12. 죽을 준비가 되었습니까?

초대교회에서 믿는 사람들의 호칭을 무엇이라고 하였을까? "안디옥에서 비로소 그리스도인이라 일컬음을 받게 되었더라." [행 11:26] 그리스도인. 그리스도인이라는 칭호는 안디옥에서부터 시작되었다. 그 이전에는 예수님이 증인이 되라고 하셨기에 주로 증인이라는 호칭을 사용하였다. 예수 믿는 사람은 일생 동안 주님의 증인으로 살아야 한다. 전도에 대한 재미있는 일화가 있다.

1970년, 내가 맹호사단 군종과에서 근무할 때이다. 같은 사단내의 연대 군목이 신학교 대선배님이셨다. 그는 청년 시절에 잠시 이발소에서 근무를 하였다. 전도를 좀 더 고차원적으로 고상하게 할 수 없을까 생각 중이었다. 그래서 이발소 손님을 전도하기로 마음을 먹었다. 어느 날, 첫 번째 손님을 보내고 두 번째 손님도 보 낸 후, 세 번째 손님은 어떻게든 전도를 하고 싶었다. 그러나 머리를 다 깎을 때까지 입이 열어지지 않았다. 기회를 놓치고 싶지 않아 면도 시간에는 기필코 전도를 하리라 다짐하였다. 수염에 비누칠을 하고 가죽 띠에 면도칼을 갈면서 그는 세 번째 손님에게 말하였다. "손님, 죽을 준비되었습니까?" 손님은 그 말을 듣자마자 도망친 후에, 파출소에 신고를 하였다.

전도는 철학도 아니요 미사어구의 문학도 아니다. 오직 영적인 싸움이요 하나님의 능력이다.

나는 형님, 형수의 전도를 위해 3년 가까이 밤마다 기도한 적이 있다. 나의 기도대로 전 도의 열매를 맺을 수 있었다. 지금 형님 내외분은 은퇴 장로님, 은퇴 권사님으로 고향 교회를 열심히 심기고 계신다.

13. 우리 다 같이 나라를 위한 일

총신대 총장을 역임하고, 칼빈대 총장으로 은퇴하신 김의환 총장님은 한국 사람으로 미국에서 선교사 임명을 받고 총신대에서 교수로 재직하셨다. 당시에 총신에는 간하배(하비 콘) 목사님도 선교 사역이 총신대 교수였다. 한국 선교의 초기부터 신학교를 세우신 분들도 선교사님들이셨고 1960년대까지 신학교에 선교사님들이 계셨다.

김의환 목사님은 OMF 소속 선교사로 총신에서 신학생들을 가르치면서 교회를 개척하기 시작하였다. 그리고 미국으로 들어가셔서 LA에서 목회를 하시다 총신대학교 총장으로 초청이 있어 다시 한국으로 나오셨다.

김의환 목사님은 한국에서 두 교회를 세우셨다. 새한교회는 1968년도에 개척을 하였고, 에덴교회는 1970년대 말에 개척을 하였다.

새한교회는 필자도 출석을 하였는데 종로 5가 보령약국 뒤 4층 건물에 3층에 새 들어서, 교회를 시작하였다. 이 건물 구조가 독특했다. 지하실은 나이트클럽, 1층은 상가, 2층은 회사, 3층이 교회, 4층은 절이었다.

매주 11시 예배시간은 위층 절에서도 어김없이 목탁 소리가 들려왔다. 11시 정각이면 교인들도 신경이 곤두서고 담임목사님은 매우 기분이 좋지 않았다. 어느 주일날 11시에 부목사님이셨던 강승재 목사님이 뛰어 올라가 문을 두드리며 항의를 하였다. 왜 하필이면 우리 예배시간에 맞추어서 목탁을 두드리냐고, 지금껏 쌓인 분노가 폭발하듯 항의를 하였다. 그런데 목탁을 두드린 중은 합장을 하면서 우리 다 같이 나라를 위한 일이라고 해서 강승재 목사님은 어이가 없었다. 중은 예배를 방해할 목적이 아니었고 자기도 우리 예배시간에 맞추어서 나라를 위하여 예불을 드린다는 것이다. 서로의 오해를 풀고, 예불시간도 바꾸어 주시는 것이 좋겠다고 이야기를 드렸다.

성도들은 나라와 민족의 빛이 되고 소금이 되며 국가를 위하여 기도해야 한다. 그러나 예배의 본질은 하나님께 경배다.

14. 대구 성일교회 재판사건

1970년대부터 한국 교회는 큰 변화를 겪었다. 도시의 산업화로 농촌 인구가 도시로 밀려들기 시작하였고 도시 교회는 대형화되기 시작하였다. 자가용 시대가 열리면서 교회들은 주차장 확보에 비상이 걸렸고 넓은 성전 부지를 찾아서 교회를 건축하기 시작했다.

서대문의 순복음 중앙교회는 여의도로 교회를 옮겼고, 충현교회는 충무로에서 강남으로 교회를 옮겼다. 지방 도시의 교회들도 넓은 성전 부지를 찾아 교회를 건축하기 시작했다.

대구 성일교회 최성관 목사님도 적당한 부지를 모 대학 옆에서 찾아 계약을 하였다. 사실 그 땅은 그 대학에서도 눈독을 들인 땅이었다. 그런데 교회에서 땅을 계약했다는 소문이 대학재단이사회에 전해지다 대학은 비상이 걸렸다. 대학은 수단과 방법을 가리지 않았고 급기야 대학에서도 그 땅을 놓고 이중계약을 하였다. 성일교회와 대학은 소송으로 재판을 하게 되었는데 교회가 억울하게 패소하였다.

그러나 하나님은 살아계셨다. 성일교회는 탄원서를 청와대에 보냈고, 교회는 특별 기도를 시작하였다. 그 때 교회에 연로하신 집사님 친구 중에 박정희 대통령의 담임선생님이 이웃 교회에 계셨다. 박 대통령의 담임선생님은 교회 일에 적극 동참하여 대통령을 뵙게 되었다.

박정희 대통령과 옛 스승의 만남으로 성일 교회의 사건은 청와대에서 직접 지시하여 해결 이 되었고 그 사건을 맡았던 법관들을 파직을 당하게 되었다.

우리가 기도할 때 하나님은 도울 사람을 분명히 보내신다. 성일교회는 은혜 중에 교회 건축을 마쳤고 최성관 목사님은 지금은 원로 목사님으로 쉬고 계신다.

15. 대구 서현교회 건축 일화

    대구 서현교회는 윤철주 목사님이 시무하시는 동안 10년의 시간에 걸쳐 건축된 교회이다. 그 당시 우리나라는 1958년-1968년 보릿고개라는 어려운 시절이었다. 서현교회의 건축에는 몇 가지의 특징이 있다.

1. 그 당시 교회 건물로는 동양 최대의 건물이었다. 건평이 400평이나 넓은 교회로 그 당시 상상할 수 없는 건축이었다.
2. 전 건물이 대리석으로 지어졌다. 전라북도 익산 황등에서 실어온 대리석은 석공들의 망치와 정으로만 다듬어 지어졌다.
3. 시공 방법에 있어서 대리석과 대리석 사이엔 콘크리트가 없었다.
4. 한국교회 건축 사상 최장기간의 공사였다.
5. 건축헌금이 얼마가 들었는지 모른다. (현시가 추정 400억이 넘는다고 함)
6. 불신자인 석공 총 책임자가 10년 동안 교회에서 살다 보니 언제 예수를 믿은 지 모르게 예수를 믿었다.

당시 서현교회 장규만 장로님은 직업이 한의사였는데, 경상도를 휩쓴 호열자로 인해서 큰돈을 벌었는데 거의 모두 건축헌금으로 바치셨다. 윤철주 목사님이 주일학교를 다니던 시절, 정규만 장로님은 주일학교 교사였다. 자기의 제자가 당회장이 되셨는데 장로님은 목사님을 잘 모시었다.

건축이 끝나고 정규만 장로님은 내 생전에 헌당식을 하지 말라고 부탁을 하였고, 교회의 건축이 끝난 지 얼마 안 되어 장로님은 하나님의 부르심을 받았다. 윤철주 목사님은 그 이후 군산 개복교회를 건축하셨고 서울에 올라가 서울남교회를 건축하셨다. 이 시대에 크게 쓰임 받은 하나님의 사람이셨다.

16. 1점의 양심

　평양 신학교를 졸업하셨던 최봉석 목사님은 전도에 열정을 가져 자연히 공부가 등한 시 되었고 신학교 3년이나 낙제를 하였다.

　세 번째 낙제가 되었을 때 그는 교수실에 들어가 기도하자고 하여 졸업하게 됨을 감사하다고 기도를 드렸다. 내 기도에 교수님들이 모두 "아멘" 하였으니 졸업장을 주셔야 된다고 억지로 졸업장을 받은 일화는 너무나 유명하다.

　목회자가 된 신학생들도 학점 때문에 고민을 할 때가 종종 있다. 필자가 신학 공부를 하던 당시에는 시험 중에 부정행위가 발각되면 회개하는 의미로 1년 동안 휴학을 하게 했다. 어느 신학교에서는 한 사람의 부정행위 때문에 그 반 학생 전체가 하룻밤을 철야 기도를 하였다. 옛날에는 신학생들의 정신이 올바르게 서 있었고 양심이 살아 있었다.

　10년 선배님 중에는 '조직신학'이라는 과목에 59점을 받아 1년 후에 졸업을 하게 되신 분이 있었다. 그분은 교수님을 찾아가 간곡히 부탁드렸다.

"교수님의 과목에서 1점이 부족하여 1년 후 졸업을 하게 되었는데, 1점을 더 주실 수 없겠습니까?" 교수님은 "당신이 받은 점수는 59점인데, 1점을 더 주는 것은 내 양심이 허락지 않습니다. 나는 시험 채점할 때에도 기도하고 채점을 하였습니다." 결국 그 선배님은 1년 뒤에 졸업을 하게 되었다.

양심 파선은 믿음 파선이다. 우리는 하나님 앞에서, 사람 앞에서 양심에 부끄러움이 없이 야겠다. 오늘날 교회도 목회자의 선후배도 윤리 도덕이 무너지고 있는 것을 가끔 볼 때가 있다.

우리에게는 국가의 법보다 윤리 도덕이 앞서야 하며 윤리 도덕보다 양심이 앞서야 한다, 하나님은 우리의 양심의 보좌에 계시기 때문이다.

17. 미혹의 영에 속지 말자.

1970년대 소록도 중앙교회에서 있었던 일이다. 한국에서 제일 많이 기도하는 장소, 24시간 제단에 기도의 등불이 꺼지지 않는 곳이 소록도. 어느 날 성도 한 분이 산에서 기도를 하는데 홍포를 입은 사람이 나타났다. 그는 자신에게 엎드려 절하면 많은 은사를 주겠다고 하였다. 그래서 그 성도분이 엎드려 절을 하니 방언이 나타나고 여러 가지 은사가 나타났다. 다른 성도들은 그의 은혜를 사모하게 되었다.

그러나 당회장 김두영 목사님이 살펴보니 사탄의 역사였다. 목사님의 기도로 사탄이 물러가고 이상한 은사들도 사라졌다. 사탄은 언제나 미혹의 영이다. 사탄의 역사에도 여러 가지 은사가 있다.

1980년 내 조카딸이 광주 화정동에 있는 개척교회를 다녔다. 그 교회 담임 목사님은 귀신론을 공부하는 사람이었다

어느 날 부흥 집회에서 조카에게 이상한 환상이 나타났다 예수님의 십자가에서 피가 뚝뚝 떨어지고 있었다. 그리고 그 피가 자신에게 다가오고 있

었다. 그 이후 여러 가지 환상이 나타났다. 다른 사람들이 기도를 하면 그 사람의 모든 비밀을 알게 되었다. 심지어 목사님의 사생활이나 비밀까지 다 알게 되었다. 남의 사생활이나 비밀까지 알게 되니 마음이 괴로워졌다.

어느 날 여전도회에서 제비뽑기를 하였다. 여전도회에서 커튼을 하기로 했는데 커튼 색상을 놓고 의견이 통일되지 않았다. 그래서 제비를 뽑아 제비 뽑힌 사람의 생각대로 색상을 결정하기로 하였다. 조카는 종이 속에 숨겨져 있는 동그라미가 다 보였다. 그래서 커튼의 색상은 조카가 이야기 한 대로 결정되었다

이상한 은사들이 임하면서부터 조카는 시름시름 앓기 시작했다. 얼굴은 점점 더 창백해기 시작했다. 분명 사탄의 역사였다. 나는 처음으로 조카에게 교회를 옮기라고 하였다. "너의 영혼이 살려면 그 교회를 떠나야 한다."

우리는 말씀의 빛에 비침을 받으며 늘 성령의 충만함이 있어야 한다. 성령은 계시의 영이고 진리의 영이다. 은혜의 영이요 축복의 영이다.

18. 상조야 하나님이 너를 살렸다.

　부산 안디옥교회에서 시무하는 한상조 목사님은 필자와 총신 동기 동창이다. 기숙사에서 같은 침대를 2년 동안 사용한 친구이다.

　한 목사님은 군 생활을 수도경비 사령부에서 근무했다. 수경사 근무 중에 보직이 청와대 방어 근무였다. 서울 사대문 안은 헬기도 뜨지 못하던 시절이었고, 청와대 상공에는 풍선 하나만 떠올라도 보고하게 되었다.

　대공화력인 카라반 50은 날마다 분해하여 닦는데 반 바퀴만 조여지지 않아도 발사되지 않는다. 어느 날 실탄이 장전된 줄 모르고 조수가 방아쇠를 당겼다. '딸각' 구리쇠 소리는 났는데 실탄이 발사되지 않았다. 조수가 총을 조립할 때 완전히 잠기지 않았던 것이다.

　청와대에서 오발 사고가 나면 당사자는 물론이요, 지휘관까지 모두 군 재판에 회부가 된다. 한 사람의 실수도 어떤 조그만 실수도 용납되지 않는 것이다. 사건의 앞뒤를 파악한 중대장은 달려와 상조야 하나님이 너를 살렸다 하시면서 부둥켜안았다. 조수의 책임은 사수의 책임이요, 그리고 연

대적으로 지휘관의 책임이다. 한 목사님은 군 생활에서 동료나 지휘관으로부터 신앙을 인정받고 있었다. 그래서 대형 사고를 하나님이 막아주시고 하나님이 살려주셨다고 지휘관이 먼저 인정을 한 것이다.

우리는 날마다 하나님이 지켜주지 않으면 언제 넘어질지 모르며 언제 실족할지 모른다. 우리에게 날마다 다윗과 같은 신앙고백이 있어야겠다.

내가 산을 향하여 눈을 들리라 나의 도움이 어디서 올꼬
나의 도움이 천지를 지으신 여호와에게서로다. [시 121:1]

19. 안 나가.

태국의 김성곤 선교사님은 세 가지로 선교 사역을 해왔다. 방콕에서 고아원 중심의 사역, 나환자 정착촌 설립, 그리고 미안마 국경 지역의 난민들을 위한 선교사역이다. 치앙마이를 중심한 난민들 정착 교회가 20여 교회가 넘는다. 20여 년 동안 고아원 사역을 해오는데 가장 큰 어려움은 경제적인 뒷받침이다. 아이들의 교육비 문제가 제일 큰 문제였다. 고아원에서 양육한 아이들 중에서 치앙마이 사랑의 교회를 담임하는 쏨차이 같은 목회자를 길러내었다.

현지 목사님들이 선교팀에 가담하여 도시에 개척한 교회들을 담임하는데 영적 수준이 너무 낮았다. 그리고 사명에 대한 불타는 심령들이 부족했다. 심지어 어떤 선교사들이 현지 목회의 지도자가 아니라 생계수단으로 선교사 직분을 이용을 하곤 한다. 현지 목회자들의 무능함과 안일함이 선교의 가장 큰 걸림돌이다. 어려운 여건 가운데서 모든 선교의 사역은 모두다 영적 싸움이다. 영적 싸움에는 지혜가 필요하다. 성도들 중에는 사회의 지도층들도 있는데 국가의 모든 공공행사는 불교의식이니 피할 수 없는 어려운 문제가 한두 가지가 아니었다.

방콕 사랑의 교회에서 사탄은 귀신들린 여자를 통해서 선교사를 괴롭혀 왔다. 하나님의 살아계심을 나타내기 위하여 현지 전도사님들이 철야로 귀신들린 여자와 사투를 벌렸다. 한 밤중 귀신들린 여자가 갑자기 한국말로, "안 나가!" 하면서 소리를 질렀다. 선교사에게 위협을 주기 위함이었다. 한국말을 한 마디도 모른 태국 여인에게 사탄이 역사하니 한국말로 대적해 온 것이었다.

이때 선교사는 '한국말은 내가 너보다 더 잘한다!' 생각하며 지금껏 태국말로 기도한 것을 한국말로 기도를 바꾸었다. 여러 전도사님들과 합심하여 기도하여 승리하였다. 빌립보 교회에서 귀신들린 여자의 사건은 바울에게 고난을 주었지만 교회를 세우는데 더 큰 하나님의 역사였다.

20. 작은 사슴섬 이야기

100년 전 오웬 선교사가 광주시 양림동에 나환자들을 모아 놓고 치료를 하였다. 그러나 광주 사람들의 반대로 나환자촌은 없어지고 여수 신풍에다 애양원을 설립하게 되었다.

여기에 자극을 받은 일본 정부는 작은 사슴섬 소록도에 국가적인 시책으로 소록도 공원을 설립하였다. 소록도 공원은 일본 사람들이 이 땅위에 남겨놓은 최고의 걸작품이다. 대한민국에서 제일 아름다운 공원이다. 나환자들이 한때는 8000명이 넘었고 복음은 이곳을 천국으로 만들었다. 한국 전쟁 때는 그곳에서 김정복 목사님이 순교하셨고 애양원에서는 손양원 목사님이 순교하셨다.

1961년 군사 혁명이 일어나면서 소록도의 교회에 큰 변화가 찾아왔다. 지금껏 병원의 한 건물에서 예배를 드렸는데 군사 혁명이 일어나면서 군정은 병원 건물을 교회로 사용할 수 없게 하였다.

이때 담임목사님으로 청빙된 분이 김두영 목사님이셨다. 김두영 목사님은 병원 건물을 사용하지 않고 과감히 예배당 건축의 필요성을 주장하셨다. 대부분 몸이 불편한 성도들이 국가에서 나오는 배급을 받고 살아가는 현실에 교회를 세운다는 것은 상상도 할 수 없는 일이었다.

그러나 김두영 목사님은 가장 어려운 여건 속에서 교회를 건축하기 시작하셨다. 1960년대 평면 400평이 넘는 대교회, 4500명이 앉을 수 있는 대성전을 건축하였다. 오직 믿음의 역사였다. 성전에는 주야로 기도가 멈추지 않았고 저녁마다 수백명씩 매일 철야기도를 하였다.

그러나 지금은 건강한 사람들은 육지로 이주하였고, 노인들은 소천하여서 2000명이 못된다. 사슴섬에 사육을 하던 사슴들은 아예 방목을 하였고 지금은 녹동—소록도 대교가 건설되었고, 관광지가 되었다.

21. 부활하신 주님의 첫 말씀은

　1990년대 초, 곽규석 목사님이 귀국하셔서 전국 대도시를 순회하며 부흥회를 인도하셨다. 광주에서도 구동 실내 체육관을 집회 장소로 정해 광주의 원로 목사님들과 성도들이 가득 모여 은혜를 사모하였다.

　곽규석 목사님은 1970년대, 1980년대 한국 최고의 명 사회자였다. 10여년을 미스코리아 선발 대회 사회를 맡았고 코미디에서도 구봉서씨와 호흡이 잘 맞았다. '후라이 보이'라는 닉네임 그대로 거침없는 화술에 유창한 영어 실력까지 갖췄다. 곽규석 목사님이 10여년 만에 고국에 돌아왔을 때 그의 인기는 절정이었다. 첫날 그의 설교는 신앙을 시작하게 된 동기를 간증하고 있었다. 연예인 교회를 개척할 때, 지금 온누리 교회를 담임하고 계시는 하용조 목사님과 뜻있는 연예인들이 창립 멤버가 되었다. 그 중 구봉서씨와 곽규석씨는 이제 전도를 받아 교회를 처음 출석하고 있는 초신자들이 있다.

　하용조 목사님은 어느 날을 정하여 성도들을 기도원으로 데려갔다. 철야기도를 계획하고 기도원으로 가는데 곽규석 씨의 마음에는 미리부터 염려가 많았다. 사람이 적당한 수면도 취해야지 어떻게 잠을 자지도 않고 기도를 해야되는가? 기도원에 도착하자마자 하용조 목사님은 먼저 요한복음을 가지고 성경 공부를 하셨다. 1장에서부터 21장까지 매장의 핵심을 강의하면서 요한복음을 강론하셨다. 성경 강론이 끝나고 말씀이 이해가 됐는지 질문을 하였다.

"곽규석 씨, 부활하신 주님이 제자들에게 제일 먼저 뭐라고 하셨습니까?" 도무지 무슨 이야기를 들었는지도 잘 모르겠고 이해도 되지 않았다. 묵묵부답으로 대답을 못하고 있는데 구봉서 씨가 옆에서 손을 번쩍 들었다. '구봉서 형님이 나를 살려주는구나.' 기대를 하면서 대답을 기다렸다. 그런데 구봉서 씨의 대답은 "나 보이니?" 주위 사람들은 모두 웃음바다가 되었다. 곽규석 목사님의 설교도 거의 옛날 코미디 그대로였다.

지금 곽규석 목사님과 구봉서 장로님은 모두 천국으로 가셨다. 너희에게 평강이 있을찌어다 제자들에게 말씀하셨던 주님 품에서 안식하고 계시리라.

22. 박영관 목사님의 효도

박영관 목사님은 나주 상촌 교회가 모 교회다. 나주 상촌 교회는 설립 100년이 넘은 나주의 모(母) 교회다. 박영관 목사님은 군목 제대 후 미국 풀러 신학교에서 학위를 받고 오랫동안 총신에서 강의를 하셨다. 필자도 박영관 박사님께 이단 종파 강의를 받은 제자 중의 한 사람이다. 지금도 목사님은 중곡동에서 목회를 하시면서 이단 종파 연구와 신학교 강의 등 동분서주 바쁘게 활동을 하고 계신다.

박 목사님은 안식년 휴가를 태국 선교지에서 한 달간 보내실 때 한 주 간 목사님과 많은 대화를 나눌 기회가 있었다. 가까이에서 더 많은 것을 배울 수 있는 기회이기도 했다. 그때 인연으로 박 목사님이 귀국 후 고향을 찾을 때에 모신 적이 있었다.

박 목사님 아버지의 생신, 한 주전에 9남매의 형제들이 모두 아버지를 뵈러 다녀갔었다. 많은 형제들이 한 주전에 다녀갔지만, 박 목사님은 진짜 아버지 생신은 오늘이라 혼자서 아버지를 다시 찾아뵙기 오셨다고 한다.

장자의 의무와 효도가 존경스러웠다. 그런데 진짜 부모님을 찾은 이유는 8 남매가 부모님을 찾아간 것보다 장자가 부모님을 찾아 뵐 때 부모님이 가장 행복해 하신다는 것이다.

우리 한국 사람들이 장자를 생각하는 것은 거의 공통적이지만 장자로서 부모님께 효도를 다하는 사람이 얼마나 되는가? 자신이 부모님을 찾아뵈면 한 달을 기뻐하시는 부모님을 위해 혼자서 내려오신 것이다. 팔순의 부모님은 큰아들이 온다는 소식을 듣고 아들이 좋아하는 낙지와 맛있는 음식을 준비하셨다. 광주에서 점심식사를 먹고 내려왔지만 부모님을 위하여 또 맛있게 음식을 드셨다. 은사가 되신 목사님을 모시면서 내 자신을 돌아보는 기회가 되었다.

자녀들아 너희 부모를 주안에서 순종하라 이것이 옳으니라

내 아버지와 어머니를 공경하라 이것이 약속 있는 첫 계명이니

이는 네가 잘 되고 땅에서 장수하리라. [엡 6:1-3]

23. 가장 행복한 죽음

1970년대 전주 동부교회에서 김화일 목사님이 시무하실 때의 일이다. 어느 날 여 집사님 한 분이 전화를 하셨다.

"목사님, 아버님이 이상한 말씀을 하세요. 혹시 나이가 많으셔서 망령이 드신 것이 아닐까요?" 목사님은 전화를 받으시고는, "이상한 일이 아니니 할아버지의 말씀대로 준비하세요. 잠시 후 제가 가겠습니다."

80세가 넘은 시아버지는 지금껏 아파 누워 계신 적 없이 건강하셨다. 그런데 아침 식사를 마치시고 자식들을 부르시더니 죽음에 대해 이야기 하셨다. 나는 오늘 너희들 곁을 떠날 터이니 목욕물을 준비하고 준비해 둔 수의를 꺼내 달라고 하셨다. 죽은 후 번거롭게 너희들이 나를 목욕해 줄 필요도 없고 너희들이 수의를 입혀줄 것도 없다. 시아버지의 말씀에 며느리는 너무 당황해 제일 먼저 목사님께 전화를 드리게 된 것이었다.

목사님은 임종 설교 준비를 하신 후 심방을 오셨다. 이미 할아버지는 목욕을 마치고 손수 수의를 입고서 목사님을 기다리고 계셨다. 목사님은 예배를 드리면서 할아버지의 경건 된 모습에 감동되었다. 목사님은 녹음기를 틀어 놓으시고 '할아버지, 마지막 하고 싶은 이야기를 하세요'라고 하자, 할아버지는 자녀들에게 유언을 남기셨다. 그리고 찬송을 부르면서 잠을 자듯 운명을 달리하셨다.

김화일 목사님은 지금껏 수많은 죽음을 목도했지만 할아버지의 아름다운 죽음이 너무나 부러웠다. 그래서 하나님께 조용히 기도를 드렸다. 하나님, 부족한 종도 저 할아버지처럼 하나님께 부름받고 싶습니다.

죽음은 우리의 생애를 결산하는 것이다. 죽음은 인생의 열매이기도 하다. 예수님을 판 가룟 유다와 예수님을 재판한 빌라도는 자살로 생애를 마쳤다. 예수님은 이미 그를 차라리 나지 아니했으면 좋을 뻔했다고 하셨다.

2005년, 로마 교황청은 가룟 유다를 복권한다고 했다. 이는 하나님을 모독하는 범죄행위이다. 자살은 가장 무서운 범죄다.

아름다운 이름이 보배로운 기름보다 낫고 죽는 날이 출생하는 날보다 나으며 초상집에 가는 것이 잔칫집에 가는 것보다 나으니 모든 사람의 결국이 이와 같이 됨이라 산 자가 이것에 유심하리로다. [전 7:1,2]

24. 어떤 감사

서울 대길교회를 시무하시다 하나님께 부름 받으신 박용묵 목사님이 계셨다. 한국 전쟁 전에는 대구 문화촌교회에서 목회를 하셨다. 일생을 수백 교회의 집회를 인도하신 하나님의 사람이셨다. 목사님은 특별히 농어촌 교회 사경회에 은사가 있으셨다.

한국 전쟁이 발발하자 수많은 피난민이 부산, 대구로 밀려왔다. 그 영향으로 교회에는 구걸하러 온 사람들이 날마다 줄을 서 있었다. 더구나 교회 위치가 대구역 앞이라 많은 사람들이 손쉽게 교회를 찾아와 손을 내밀었다.

목회자의 생활도 너무 어려운 때에 국가적인 어려움이 다가와 박용묵 목사님과 그 가정은 물질적으로 정신적으로 너무나 많은 고통을 당했다. 구걸한 사람들 중에는 교회를 찾아와 횡포를 일삼는 사람이 많았고 심지어 성경 구절을 들이대면서 "겉옷을 달라고 하면 속옷도 주라고 하지 않았습니까?"하며 반 협박을 하는 사람도 많았다.

그런 어려운 가운데 어느 월요일, 목사님이 부흥회를 인도하러 나가는데 한 거지가 대문 앞에서 기다리고 있었다.

"목사님!"

"네, 무엇을 도와드릴까요?" 찾아 온 거지는 문둥병자였다.

"목사님, 저는 십일조와 감사 헌금을 드리고 싶어서 찾아왔습니다. 여러 교회를 찾아 다녔지만 문둥이라고 쫓겨났습니다. 목사님은 거지들을 잘 도와주신다고 하여 찾아왔습니다." 목사님의 눈에는 눈물이 흐르고 있었다.

"형제여, 하나님이 이미 받으신 줄 믿으니 형제가 쓰십시오." 그러자 그 나환자는 "목사님, 저에게 십일조 도적질을 하라고 하십니까?" 하며 십일조 20환, 감사 헌금 10환, 총 30환의 헌금을 내놓았다. 그 순간 목사님은 감격의 눈물을 흘리며 십일조와 감사 헌금을 받으셨다. 그리고 수많은 교회에서 이 아름다운 일화를 소개하셨다.

감사는 많은 것을 누리는 사람이 하는 것이 아니라 하나님의 은혜를 체험한 사람이 감사를 드린다. 감사는 물질을 드리는 것이 아니라 우리의 마음을 드리는 것이다.

내가 노래로 하나님의 이름을 찬송하며 감사함으로 히나님은 광대하시다 하리니 이것이 소 곧 뿔과 굽이 있는 황소를 드림보다

여호와를 더욱 기쁘시게 함이 될 것이라. [시 69:30]

25. 김덕신 목사님 부흥회 이야기

대구 동부교회의 원로 목사님이신 김덕신 목사님의 부흥회의 이야기다. 일생동안 수많은 집회를 인도하시며 하나님의 능력을 전파하신 김덕신 목사님께는 체험적인 이야기가 수없이 많다.

한 교회 부흥회를 인도하시는데 미모의 여 집사님이 저녁 식사를 대접하셨다. 얼굴만 예쁜 것이 아니라 교회를 섬기며 봉사하는 집사님의 믿음이 더 아름다웠다. 여 집사님의 남편은 병원장 의사 선생님이셨다. 식사를 마치고 김덕신 목사님은 의사 선생님께 전도를 하였다. "선생님도 예수님 믿으세요." 의사 선생님은 자신의 과거를 이야기해 주셨다. 의과 대학시절 친한 친구가 강권적으로 전도를 해서 교회에 따라갔다. 그 교회에서 자기 눈에 들어온 한 아가씨가 있었다. 성가대 미모의 아가씨에게 한눈에 반해서 그다음 주부터 더 열심히 교회를 다녔다. 전도한 친구도 깜짝 놀랐다. 그는 학습 세례를 받으며 성가대에 자원하여 봉사를 하였다. 그리고 미모의 아가씨를 사귀어 결혼을 하였다. 결혼 후 교회 출석은 줄어들기 시작하더니 아예 교회에 발을 끊었다는 것이다.

의사 선생님은 김덕신 목사님께 반문을 하였다.

"목사님, 저도 하나님 믿고 싶은데, 예수님의 구원이 안 믿어집니다. 몇 년 동안 교회 생활은 믿음이 아니었습니다." 김덕신 목사님은 의사 선생님께 한 가지 제안을 하였다.

"저와 한가지 약속을 합시다. 일주일 동안 일과를 마치고 저녁에 교회에 와서 한 마디의 기도만 하십시오. 하나님, 하나님이 계시면 계신 증거를 보여 주십시오." 집회가 끝나고 의사 선생님은 저녁에 교회를 찾아가 약속대로 기도를 드렸다. 삼일째 그에게는 큰 두려움이 임했다. 넷째 날부터는 두려워서 불을 켜고 기도를 드렸다. 그러나 더 큰 두려움이 그에게 임했다. 다섯째 날은 혼자서 교회에 갈 수가 없었다. 그는 하나님이 마음속에 찾아오시고 마음속에 계신 것을 알았다.

의사 선생님과 약속 후 김덕신 목사님은 그의 마음속에 하나님이 임재하시길 한 주 동안 성전에서 간절히 기도드렸다. 목사님의 기도를 하나님이 응답하여 주셨다.

26. 습관

습관은 제2의 천성이라고도 한다. 어릴 때의 습관이 일생을 좌우할 수도 있다. 사람의 습관은 짐승들을 길들이기도 한다.

김유신 장군은 매일 기생 천관의 집을 찾는 것이 생활이 되어 김유신이 타고 다니던 말이 그 길을 더 잘 알고 있었다. 김유신 장군이 어머니의 꾸지람을 듣고 다시는 기생의 집을 찾지 않겠다고 다짐했지만 말 등에서 졸다가 깨어보니 거기는 기생 전관의 집이었다. 김유신은 그 자리에서 말의 목을 베었다.

여수 애양원은 소록도와 함께 복음의 꽃이 핀 곳이다. 옛날 애양원은 정오에 교회에서 종 을 치면 모든 성도가 일손을 멈추고 나라와 민족을 위해 잠시 기도하였다. 밭에서 쟁기질을 하던 사람도 그대로 멈추고 길을 가던 사람도 그 걸음을 멈추고 기도하였다. 애양원 정오의 기도는 애양원 사람들의 생활 일부분이 되었다. 후에는 쟁기질을 하던 소가 종소리를 들으면 먼저 멈추어 섰고, 길을 가던 소도 먼저 그 걸음을 멈추었다.

소록도 출신의 부흥사 유덕영 목사님이 계셨다. 젊은 날 충주 무심천 근교에서 기지 생활을 했던 습관이 목회자가 되어도 고쳐지지 않았다. 심방을 다닐 때마다 성도들이 차려 놓은 다과상 앞에서 남은 음식을 싸 가지고 가고 싶은 충동이 늘 목사님을 괴롭혔다. 어느 날, 권사님댁 심방에서 차려 놓은 땅콩을 가방 속에 모두 털어 넣었다. 잠시 후 물을 가지고 들어 온 권사님은 땅콩을 손자가 다 먹은 줄 알고 손자를 야단치며 쥐어박고 있었다. 그때처럼 부끄러운 적이 없었다고 한다.

27. 출옥 목사님의 눈물

　일제의 36년간 통치는 한국 교회의 시험의 기간이었다. 일본은 신사에 절하지 않는 사람에게 무서운 고문을 가했다. 수많은 성도들이 순교를 했지만 배교자가 훨씬 더 많았다. 주기철 목사님은 못 위로 걸어도 절하지 않으니 마지막 독극물 주사로 살해하였다. 손양원 목사님은 광주 교도소에서 형기를 마쳤는데 마지막 절하라고 권한 것을 거부하니 형기가 연기되어 8・15 광복으로 출옥을 하였다.

　한국 교회의 가장 큰 배교 사건은 1938년 평양에서 장로교 총회에서 신사 참배를 결의한 사건이다. 1938년과 우리나라 38선 분단은 우연의 일치가 아님을 생각하고 있다. 신사참배를 결의한 평양은 무신론 정권의 수도가 되었다.

　8・15 해방과 더불어 많은 목사님들이 승리하고 출옥을 하였다. 그러나 「죽으면 죽으리라」의 저자 안이숙 사모님은 순교의 제물이 되지 못해서 하나님께 눈물을 흘렸다. 손양원 목사님은 내 일생의 소원 순교를 제물이라

고 찬양을 하시다가 옥중에서 승리하셨고, 6·25 때 순교하셨다.

8·15 해방이 되어 출옥하신 목사님들이 모두 강단에 서셨다. 서울에서 출옥하신 목사님이 강단에 서서 눈물이 그치지 않으셨다. 승리하신 목사님의 눈물만 보아도 성도들은 은혜가 되었다. 성도들의 생각은 얼마나 감격스러울까? 그러나 목사님은 성도들에게 "여러분, 저는 패배자입니다. 저는 승리하지 못했습니다. 마지막 나는 절하고 나가려고 했는데 해방이 되었습니다. 나는 절을 하지 않았지만 제 양심은 실패했습니다."

(채기은 목사님 한국 교회사 강의 중에서)

28. 거짓 선지자

전라남도 해남군 황산면에 한 청년이 열심히 교회를 다녔다. 시골교회에서 총각으로 집사 임명까지 받으며 교회에서 인정을 받고 있었다. 그러나 부흥회 한 번이 이 청년 집사의 운명을 불행으로 바꾸어 버렸다.

부흥회에는 정신 이상의 아가씨가 참석을 하였다. 아가씨는 광주에서 고등학교를 다니다 선생님을 짝 사랑 한 것이 병이 되어 정신 이상이 되었다. 부모님들은 딸을 고치기 위해 용한 의원은 다 찾아다녔지만 소용이 없었고 주위의 권고로 교회 부흥회에 참석을 하였다.

강사 목사님은 설교 도중 총각 집사인 박집사님에게 정신 이상인 아가씨와 결혼을 하라고 명령을 내렸다. 이것이 하나님의 뜻이니 하나님의 뜻을 거역하면 큰 화가 있다는 것이다. 박집사님은 두려운 마음으로 순종을 하였다.

인간의 정이 무엇인지 박집사님은 두 아들을 낳았다. 그러나 평생 대화 한번 없이 하루 종일 방 가운데서 움직일 줄 모르는 아내와의 결혼 생활은 분명히 속았다는 것을 뒤늦게 깨달았다.

그런데 박집사님에게 중병이 찾아왔다. 신장이 기능을 잃어버려 그는 인공신장기로 일주일에 세 번씩 피를 걸러야 했다. 박집사가 우리 교회를 처음 찾았을 때 그는 40대 초반임에도 60세로 보였다.

부흥강사 한 사람의 실수가 아니었다. 필자의 추측이건데 담임 목사와 부흥강사 사이에 무엇인가 의논이 있었던 것 같다. 박집사님은 자신의 젊음, 인생, 건강을 모두 도둑맞았다. 누구에게 보상을 받을 것인가? 그는 자신도 병든 몸으로 견디기 힘들어서, 결국 아내를 처가로 돌려보냈다.

옛날이나 오늘이나 거짓 선지자들이 얼마나 많은 사람을 미혹하고 있는가. 하나님으로부터 받지 않았던 말씀을 하나님께로부터 받은 것으로 속이는 것은 하나님의 말씀을 도적질 한 것이요 성령을 속이는 것이다.

에스겔 선지자는 거짓 선지자들을 영혼의 사냥꾼이라고 하였다.

II. 성도들의 일화

29. 오해

사람이 오해를 받을 때에 가장 마음이 아프다. 때로는 억울하기도 하고 불신의 고통이 더 하기도 한다.

서울 근교의 만여 명의 성도들이 출석하는 교회에서 있었던 사건이다. 한 주일 헌금이 천문학적인 숫자이며 재정부 집사님들도 이십여 명인 교회에서 어느 주일날 감사 헌금에서 백만원이 부족했다. 재정부 집사님들 사이에서 수군거리기 시작했고, 당회장 목사님께 보고가 되었다. 다음 주 당회장 목사님은 의심스러운 집사 다섯을 재정부에서 제명했다. 말이 제명이지 사실 다섯 집사는 모두 도둑의 누명을 쓴 것이나 다름없었다. 다섯 집사 중 가장 의심을 받은 사람은 신학교에 다니는 정 집사였다. 직업도 없이 신학교에 다니는 정집사의 학비와 생활비가 모든 사람의 궁금증이었기 때문이다. 다섯 집사 중 네 사람은 모여서 불평했고 모두 정 집사를 의심하기 시작했다. 정 집사는 백만원 분실이 자신의 소행이라고 고백하였다.

2주가 지나고 교회가 시끄럽기 시작할 때 병원장 댁 권사님은 깜짝 놀랐다. 2주 전, 감사 헌금에 헌금 백만원을 넣는다는 것을 깜빡 잊고 빈 봉투만 넣은 것이었다. 권사님은 급히 목사님을 찾아뵙고 헌금을 드리며 자신의 실수를 말씀드렸다.

목사님도 큰 실수를 하였고 네 집사님은 정 집사 앞에서 얼굴을 들지 못했다. 의인은 사자와 같이 담대하리라. 정 집사는 그 후 목사 안수를 받고 중국에서 사역하고 있다.

우리는 작은 오해에 얼마나 마음이 아프고 억울하게 생각하는가. 하나님의 주권 아래든 것을 맡기며 자신을 변호하지 않은 정 목사님의 넓은 마음에 감동이 되었다

30. 백안 기도원과 하나님의 섭리

대구 백안 기도원을 세우셨던 임승룡 장로님은 강원도 태백시로 사역지를 옮겨 태백기도원을 세웠다. 그래서 백안 기도원을 매도하는데 어떤 사람들이 기도원을 사는지 전혀 모르고 그냥 찾는 사람에게 넘겨주었다.

백안 기도원을 세 사람이 샀는데 그분들은 절을 세우려는 사람들이었다. 안동 댐을 막으면서 댐 수몰 지구에 절이 있었는데 절을 옮기려고 기도원을 샀던 것이다. 하나님의 성전이 헐어지게 되고, 그 자리에 우상의 제단이 세워지게 되었다.

절을 옮기려던 사람들은 풍수지리를 먼저 참고하기 위하여 유명한 지관을 불러서 살펴보았다. 지관은 이곳은 아주 좋은 명당인데 하늘의 신이 이곳에 있어서 절을 세우기가 힘들다고 하였다.

절을 옮기려고 세분은 지관의 말을 무시하고 건축 물자를 한창 옮기기 시작했다. 명당이면 되었지, 무슨 하늘의 신이 이곳에 있단 말인가? 지관의 말을 허무맹랑하게 생각하였다. 이미 공사가 진행되고 있었다.

그러던 어느 날 세분은 한날 한시에 똑 같은 꿈을 꾸었다. 만약 이곳에 절을 세우면 너희 집안 식구를 모두 몰살시키겠다. 너무나 똑똑히 꾼 꿈이 었다. 꿈 이야기를 나누려고 세 사람이 모였는데 세 사람이 똑같은 꿈을 꾸었다. 그래서 그 세 분은 절을 세우려는 계획을 바꾸게 되었다.

그 이후 백안 기도원은 계속 기도원으로 하나님의 사역이 계속되고 있다. 하나님의 성전이 세워진 것은 우연이 아니다. 아브라함의 모리아산의 제단에 솔로몬의 성전이 세워졌다. 베드로의 신앙 고백을 들으시고 음부의 권세가 이기지 못할 교회를 세우시겠다고 약속하였다.

하나님의 성전의 장소에 우상의 제단이 세워지는 것을 하나님은 허락지 아니하셨다.

31. 대왕 코너 화재사건

청량리 로터리에 있는 대왕 코너는 두 번의 큰 화재사건이 있었다. 60년 대와 70년대 두 번의 화재사건으로 건물의 이름이 잘못되었다는 이야기가 신문에까지 실렸다. 대연각 호텔의 화재사건 이후도 대연이라는 의미가 큰 연기라는 의미라고 신문에 보도되었다.

양품점으로 크게 성공하신 외삼촌이 계신다. 대왕코너에서 도매점을 하실 때 큰돈을 벌었고 사업이 너무 번창해서 이웃 가게를 인수해 외숙모님과 두 분이 경쟁으로 장사를 하였다. 가게가 둘이 되면서 손님도 두 배, 돈도 두 배를 벌었다.

얼마 후 삼촌의 소문이 처갓집에 큰 화재 거리가 되었고 처형이 가게를 하나 넘겨 줄 것을 부탁하였다. 마누라가 예쁘면 처갓집 말뚝에도 절을 한다고 하였는데 삼촌 아내의 가게를 처형에게 넘겨주었다.

그런데 이상한 일이 생겼다. 사업에 실패해 본 적이 없고 가는 곳곳마다 문전성시를 이루었는데 처형에게 가게를 넘겨준 후 삼촌에게는 손님이 뚝 그쳤다. 삼촌의 손님은 바로 이웃가게 처형에게로 몰려들기 시작하였다. 거의 한 달을 파리나 날리며 지내다가 삼촌은 대왕코너를 떠나기로 마음을 굳히고 가게를 처분하였다.

물질의 관계로 형제 사이에도 금이 가게 되었다. 사람의 욕심은 무엇으로도 채울 수 없기 때문이다. 그런데 가게를 넘긴 지 삼일 째 되는 날에 대왕 코너는 두 번째 큰 화재사건으로 전 건물이 불타버렸다. 다행히 삼촌은 아무 손해 본 것이 없었다. 오히려 처형이 삼촌을 구하여 준 것이다.

우리는 가끔 전화위복이라는 표현을 할 때가 있다. 처형에게는 큰 낭패가 다가왔고 삼촌을 며칠 사이 모든 것이 꿈만 같았다. 우리는 고난 속에 감추어진 하나님의 손길을 깨닫고 하나님의 주권을 믿어야겠다.

32. 은혜를 배반할 때

1950년대 전라북도 정읍에 거지 부자가 살고 있었다. 한국 전쟁이 끝난 지 얼마 되지 않아 모두 어렵게 살아가고 있던 때였다. 교회에서 목사님과 장로님들이 의논하여 사람을 구제할 겸 거지 부자를 교회에서 살게 하였다. 거지는 그날부터 교회의 사찰이 되어 교회를 돌보고 예수를 믿게 되었다.

어린 아들은 초등학교를 다니고 중학교를 가게 되었다. 아들은 머리가 영리하고 성실하여 치과에서 의료기술을 배웠다. 그는 읍내에서 재산을 모으기 시작하여 이내 큰 부자가 되었다. 양봉을 하였고 정미소도 운영하였고 재산은 점점 불어 미곡 상회도 가지게 되었다. 교회에서도 충성하며 신임을 얻어 장로가 되었다.

장로가 되어서 교회를 섬기면서 그의 마음은 점점 교만해지기 시작하였다. 그리고 읍내에는 이상한 소문이 돌기 시작했다. 그의 정미소 쌀가마가 모두 물에 젖어 있다는 것이다. 사실 그는 가마니 안에다 조금씩 물을 뿌리기 시작했다.

목사님은 이 사실을 알고 어느 날 심방을 가셔서 장로님에게 조용히 권면을 드렸다. "장로님, 장사를 해도 하나님께 양심껏 해야 합니다. 읍내에 이상한 소문이 파다한데 실수가 있었다면 돌이켜야 되지 않겠습니까?" 그러자 장로님은 오히려 화를 내면서 사생활을 간섭하지 말라고 그다음 주부터 교회 출석을 하지 않았다. 일마 안 가서 정미소는 기계 고장이 찾으며 사고가 생기기 시작하였다. 양봉도 전부 다 죽어버렸다. 그의 마음은 더욱 완악해졌고 그렇게 얼마 안 가서 전 재산을 잃어버렸다. 그는 다시 알거지가 되었다. 하나님의 은혜를 배반할 때 그는 모든 것을 다 잃어버렸다.

33. 은혜 받을 때 더 겸손히

서울 사당동 어느 교회에서 있었던 일이다. 장로님 한 분의 십일조 이야기가 1970년대 서울 장안의 화제가 되었다. 조그마한 사업을 하신 장로님이 월 십만원의 십일조를 드리기 시작하였다. 사실은 십 분의 구를 바치고 있었다. 믿음의 결과였을까? 마침내 그에게 월 백만원의 수입이 되었다.

그 다음해에 그는 모든 것을 감사하며 믿음으로 다시 십일조를 백만원씩 드리기로 결심하고 실천을 하였다. 그의 사업은 번창하기 시작하였고 연말에는 그의 수입이 믿음대로 월 천만원이 되었다.

1979년도 그는 십일조를 월 천만원식 드리기 시작하였다. 당시에 천만원은 서울의 수백 명 씩 모이는 교회 월 재정이었다. 그는 상상을 초월한 건축 헌금을 약속하였고 그의 십일조 이야기는 서울 목회자들의 입으로 소문이 나기 시작하였다.

어느새 그는 교계의 유명한 인물이 되었고 헌신예배의 유명한 간증 강사가 되었다. 주일 낮에만 본 교회에서 예배를 드리고 주일 밤과 수요일 밤은 강사로 일년 예약이 되어 버렸다.

담임목사님이 볼 때에 무엇이 잘못되어 가고 있는 것을 알았다. 목사님은 그의 간증집회를 만류하였다. "장로님은 지금 간증 강사로 다닐 때가 아닙니다. 더 겸손히 교회를 섬기십시오." 목사님의 만류는 이미 때가 늦었고 그의 인기는 하늘 높은 줄을 모르고 있었다.

1980년대 그의 사업은 부도로 끝났다. 믿음이 부도가 났을까. 그는 더 겸손히 본 교회를 잘 섬기며 목사님의 지도를 받았다면 믿음의 부도는 없었을 것이다. 우리는 은혜를 받을 때 가장 큰 위기가 될 수 있다. 사도바울은 육체의 질병과 고난이 하나님의 은혜를 지키는 비결이었다. 하나님은 겸손한 자에게 더 큰 은혜를 주신다.

34. 잊을 수 없는 전우 김성민

닉슨 독트린으로 한국 군대에 큰 변화가 일어났다. 때마침 1968년 1·21 사태, 푸에블로 납북 사건으로 군 현대화가 시작되었다. 월남전은 막바지에 이르렀을 때 나는 장갑차 부대 군종병이었다. 기계화 부대에서 우리 부대만 파견을 하게 되었고, 그곳에 포병부대와 하나가 되어 포병부대의 군종병 김성민 전우를 만났다.

그토록 추운 겨울 교회 한쪽 사무실에서 난로도 없이 우리들은 서로 부둥켜안고 추위를 이기며 잠을 잤다. 우리는 민간인 교회 부흥회에 모두 참석하여 은혜도 받고 눈 쌓인 현등산 등산도 하였다. 생사고락을 같이 하던 김군은 마음이 착하고 말이 없이 조용하기만 하였다.

그래서 그는 저녁 12시가 되도록 풍금을 치며 찬양만 하였다. 내 생애에 나는 그만큼 노래를 잘한 사람은 만나보지 못했다. 어떤 악기도 일주일이면 소화할 수 있는 음악인이었다. 그러나 그는 서울대 농대에서 농업을 전공으로 공부하다가 군대에 들어왔다.

어느 날 그는 조용히 입을 열었다. 그는 닫힌 마음을 열고 불행했던 성장 과정을 들려주었다. 아버지는 목사님이셨으며 1·4 후퇴 때에 온 가족이 월남을 하였다. 불행은 여기에서 시작이 되었다. 폭격에 어머니와 어린 동생은 그 자리에서 죽었고 김군의 이마에는 그때 입은 상처가 지금도 검은 흉터로 남아 있었다.

아버지는 독신 목회를 하셨고, 김군은 큰댁에서 외롭게 자랐다. 초등학교 4학년 때 새엄마가 들어오셨다. 초등학교 선생님이셨던 새엄마는 김군에게 엄마로 불러 보라고 하였지만 입이 열어지지 않았다. 새엄마는, "성민아 나는 너를 사랑하며 너를 아들로 키우고 싶어서 너의 아버지와 결혼을 하였다."고 하였다. 성민은 아버지한테로 돌아왔지만 모든 생활은 익숙하지 않고 어색하기만 하였다.

중고등학교를 어떻게 지냈는지 몰랐지만 서울대 농대에 진학을 하고 나서 어머니의 사랑과 희생을 이해하기 시작하였다. 어머니가 없었다면 오늘의 내 자신의 위치가 없었을 것인데 모든 것이 어머니의 은혜라고 하였다.

군대를 제대한지도 40년이 훨씬 지났는데 옛 친구가 그립다. 직장 생활을 했다면 벌써 정년할 때가 다가왔다. 친구의 소식이 그립다.

35. 잊을 수 없는 선생님

이 세상에는 좋은 스승을 만나 일생을 성공한 사람이 많이 있고 잘못된 스승을 만나 일생 이 불행한 사람이 있다. 자신의 좋은 길잡이가 되어 주시고 인도하여 주신 스승은 일생 잊을 수 없을 것이다.

1999년 4월 둘째 주 봄 정기노회를 마치고 노회원들이 영암 왕인박사 유적지 벚꽃 구경을 가고 있었다. 옆자리에 앉은 장로님 한 분이 자기 생애에 잊을 수 없는 선생님이 한 분 계신다고 하였다. 그리고 그 선생님을 가까운 시일 내에 꼭 한번 찾아뵙겠다고 하셨다.

장로님의 고향이 전남 보성 웅지인데, 1950년대에 너무 가난하여 월사금(당시 초등학교 월 납부금)을 내지 못하는데 선생님이 모두 내주셨다는 것이다. 그리고 선생님의 특별한 지도력과 가르침은 일생 잊혀지지 않는다고 하였다. 가만히 이야기를 듣고 있는데, 그 선생님이 바로 나의 친형님이었다. 장로님께 나의 형님이라고 말씀드리니 장로님도 깜짝 놀라셨고 그 이후 나는 장로님과 좀 더 친밀한 관계를 가지게 되었다.

1980년대에 우리나라에서 세계 야구 선수권 대회를 개최하였다. 우리나라는 일본과의 결승에서 극적인 역전 우승을 하였다. 패색이 짙었는데 한대화 선수의 쓰리런 홈런으로 극적인 역전승을 하였으며 한국 역사상 최초의 우승이었다.

그때부터 한대화 선수에게 '해결사'라는 별명이 붙게 되었다. 온 나라가 떠들썩한 축제의 분위기 속에 한대화 선수는 배성서 감독(전 동국대 감독)의 무릎에 얼굴을 파묻고 한없이 눈물을 흘리고 있었다. 그리고 그는 "선생님, 감사합니다. 선생님, 감사합니다." 라고 되뇌일 뿐이었다.

동국대 시절 팀을 이탈하여 제적의 위기 속에 배성서 감독의 따뜻한 배려로 한대화 선수는 야구를 계속 할 수 있었고, 한국의 대표 선수가 될 수 있었다. 한대화 선수는 모든 영광을 스승에게 돌리고 있었던 것이다.

1970년대 잠실 중학교 이윤상 학생 유괴 사건은 한국 사회에 큰 충격을 주었다. 체육 선생님이 불구의 제자를 유괴하여 가평에 암매장을 하였다. 거기에는 여고생 두 명의 가담이 있었는데, 이들은 중학교 다닐 때에 체육 선생님께 성폭행을 당하고 계속 선생님의 노리개 감이 되었다.

윤상군의 집에 협박 전화는 두 여고생이 책임을 지고 있어서 처음에 수사가 오리무중이었다. 그러나 학교에서 윤상군의 마지막 만남이 체육 선생님이라는 단서로 선생님은 구속되었다. 선생님은 자기 죄로 사형을 받았지만 10 여년의 형을 언도 받은 두 여고생은 그들의 생을 누구에게 보상을 받을 것인가?

36. 방언도 할 줄 모르는가?

신대원 시절 필자의 친구는 봉천동 어느 교회를 섬기고 있었다. 교회에서 제일 힘든 문제는 여전도사님과의 관계였다. 당회장님께 인정받고 성도들에게 인정받으며 교회를 잘 섬기는데 여전도사님이 틈만 나면 시비를 걸었다. 방언도 할 줄 모르는 사람이 어떻게 전도사를 하냐며 괴롭혔다.

방학이 때, 당회장 목사님께 허락을 받고 한얼산 기도원에 찾아갔다. 그 당시 들리는 소문에 의하면 한얼산 기도원에서는 개나 방언을 받지 못하지, 사람은 다 받는다고 하였다. 친구는 목회에 큰 도전을 받고 있었기에 방언의 은사를 사모하여 부르짖고 있었다. 어느 날 방언의 은사가 임하였다. 이제는 자신 있게 하산하며 교회에 와서 여전도사님을 만났다. 그리고 여전도사님께 반문하였다. "전도사님은 방언으로 찬송할 수 있습니까?" 여전도사님은 하지 못한다고 하자 친구는 "나는 방언으로 찬송도 할 수 있습니다." 그날부터 여전도사님은 꼬리를 내리기 시작하였고 다시 시비를 거는 일은 없었다.

우리가 여러 가지 은사를 체험하는 것이 때로는 신앙에 도움이 될 수 있다. 그러나 고린도교회는 은사를 이해하지 못해 교회가 시험에 들었다. 사도바울은 가장 큰 은사는 '사랑'이라고 하였다. 모든 은사는 사랑 안에 담겨져 있다.

필자도 한 때는 방언의 은사를 체험하고 싶어서 부르짖으며 기도한 적이 있다. 성도를 지도하는 목회자가 자신의 체험이 성도를 지도하는데 도움이 될 것 같았다. 그러나 지금 내가 받은 방언이 내 기도생활에 어떤 큰 유익을 주는 것은 없다.

군대에서 군종과에 같이 근무했던 친구가 전남 무안지방에서 교편을 잡고 있다. 20년 전 필자가 무안 지방에서 목회를 하고 있을 때, 그 친구를 만난 적이 있었다. 옛 전우를 만나 감회가 새로왔고 너무나 반가웠다. 그런데 그 친구는 나에게 갑자기 "목사님, 저 방언을 체험했는데 목회를 할까 생각해 보고 있습니다."라고 하는 것이었다. 나는 그 말에 너무나 깜짝 놀랐다. 목회는 분명한 소명 의식이 있어야 하는데 은사 체험 하나를 성령 체험 전체로 생각하고 있었다.

사도바울은 고린도 교회에 일만 마디의 방언보다 한 마디의 예언을 하라고 하였다. 우리에게 생명을 주시는 것은 하나님의 말씀이다.

37. 해현 교회 설립이야기

전남 무안 해제면 수암리는 앞에도 바다이고, 뒤에도 바다인 조그마한 반도다. 이곳은 현경면과 경계를 이루고 있다. 1987년 김민수 전도사님이 이곳에 교회를 개척하였다. 해제와 현경 사이에 교회를 세워 해현교회로 불렀다.

시골에 몇 사람의 성도는 있었지만, 교회를 개척하는 것은 쉬운 문제가 아니었다. 믿음이 있는 성도들도 없었고 경제력 있는 성도들의 후원도 없었다. 나는 오고가며 지나가는 길에 교회를 관심 있게 살피게 되었다.

당시에 김민수 전도사님의 형편은 매우 좋지 않아서, 가족의 식량 문제가 부딪힐 때가 한두 번이 아니었다. 이런 형편에 땅을 준비하며 교회를 설립한 것은 큰 모험이나 다름이 없었다. 그런데 그곳에는 오래전 김가공 공장이 문을 닫고 있어서 전도사님은 그곳을 생각하면서 기도하게 되었다.

그곳에는 김 수확이 얼마 되지 않는데 김 공장을 세운 것은 애초부터 큰 실수였다. 공장을 가동하면 가동할수록 적자만 늘어서 문을 닫았고 기계는 헐값으로 다 처분하며 빈 건물만 있었다.

건물 주인이 서울에 계셔서 찾아가 그곳에서 예배를 드리고 싶다고 상의를 하였다. 마침 건물 주인이 집사님이셔서 쾌히 승낙하여 주셨다. 100평의 건물은 너무 넓었고 조그맣게 20평정도 막아서 예배를 드렸다. 부족하지만 필자가 처음 교회 설립 집회를 인도하였다.

전도사님은 건축을 위하여 많은 기도를 드렸다. 그런데 성령의 감동은 이왕에 이곳에 교회의 문을 열었으니 이곳을 계속 교회로 사용하고 싶었다. 그는 오직 믿음으로 서울 집사님을 다시 찾아뵈었다. 그리고 그 건물은 하나님께 바치시기를 권면하였다. 하나님은 이미 집사님의 마음을 감동시켜서 집사님도 하나님께 바칠 준비를 하고 있었다.

여호와 이레의 은혜였다. 하나님은 협력하여 선을 이루셨다.

38. 마흔이 되면 아들을 주겠다.

충북 단양에 불임의 진단을 받은 여인이 있었다. 그 여인은 칠거지악의 죄로 남편은 술집 여자를 데리고 들어와 안방을 차지하고 살았다. 안방 주인은 뒷골방으로 쫓겨났고 날마다 성전에서 하나의 기도를 드리며 눈물의 삶을 살았다.

그러던 어느 날 성전에서 기도하던 중 가슴이 뜨거워지면서 기도 속에 자신의 앞날을 "마흔이 되면 사무엘과 같은 아들을 주신다."라고 자신의 입으로 예언을 하였다. 너무나 기쁘고 감격스러워 집에서도 마흔이 되면 아들을 낳는다고 자랑을 하였다. 남편이나 주위 사람들은 헛소리를 듣고, 헛소리를 하는 것으로 생각하였고 그 여인의 말을 믿어 주는 사람은 아무도 없었다.

몇 년이 지났을까. 이웃 교회에서 부흥회를 하는데 예언을 정확하게 하시는 목사님이 오셨다는 소문이 퍼졌다. 자식이 없어 눈물로 기도하던 그 여인도 집회를 참석하였고 안수기도를 받았다. 목사님은 마흔이 되면 사무엘과 같은 아들을 주시겠다고 예언을 하였다. 너무나 감격하여 눈물을 흘리고 눈물을 흘렸다. 자신의 마음을 위로해 주시는 분은 하나님 한 분밖에 없었다.

자신의 집에 들어와 살던 술집 여자는 자녀를 낳으면서도 계속 옛 습관을 버리지 못하여 가정은 하루도 편할 날이 없었다. 어느 날 첩은 가출을 하였고, 남편은 그때마다 화풀이를 그 여인에게 하였다. 그 여인은 남편에게 너무나 구타를 당하여 병원에 입원했는데 진료를 하던 의사 선생님이 임신 4개월이라며 일러주었다. 이게 꿈인가 생시인가?

이 사실을 알게 된 술집 여자는 남편의 마음을 움직여 그 여인을 집에서 쫓아내게 하였다. 그 여인은 영월 태백기도원을 찾아왔고 그곳에서 아들을 낳았다. 그 아들이 장성하여 지금 신학을 하여 목회자의 길을 걷고 있다.

허랑방탕하던 술집 여자는 결국 병든 남편과 자식을 두고 집을 떠났다. 30년 동안 뒤에서 남편을 위해 기도하시던 최경자 권사님은 마지막 남편을 모시고 기도하면서 승리의 삶을 살고 있다. 기도하는 사람이 마지막 승리한다.

39. 살고 싶으냐?

전라북도 신태인에서 결핵 환자 한 사람이 마지막 죽음을 기다리고 있었다. 그는 뒷방에 홀로 격리되어 있었다. 하루에도 몇번씩 각혈을 하면서 거의 산송장이 되었다. 가족들은 임종을 기다리며 기도하고 있었다.

어느 날 결핵 환자에게 조용히 하나님의 음성이 들려온 것 같았다.

"살고 싶으냐?" 그는 대답했다.

그러자 다시 하나님의 음성이 들려왔다.

"왜 살고 싶으냐?" 그러자 그는

"이 젊은 나이에 죽으면 너무 억울하지 않습니까?" 라고 대답했다.

그러자, "나쁜 사람"

그리고 아무런 감동도 없었다.

그 다음날 그의 마음이 감동 되면서 다시 성령의 음성이 들려오고 있었다.

"살고 싶으냐?"

"왜 살고 싶으냐?"

"내가 죽으면 내 처자식은 너무나 불쌍하지 않습니까?"

"나쁜 사람"

이제는 하나님의 음성이 들려오는 것이 두려울 것 같았다. 두 번의 책망이 있었으니 나는 하나님 앞에 뭐라고 대답해야 할까. 아픈 것도 잊어버리고 하나님께 할 대답만 생각하고 있었다. 그 다음날 다시 하나님의 음성이 들려왔다.

"살고 싶으냐?"

"왜 살고 싶으냐?"

"저를 살려 주신다면 이제는 주님을 위해서 살겠습니다!"

"일어나라!"

그는 앉지도 못한 사람이 그 자리에서 일어섰다. 몇 달 만에 처음으로 일어섰다. 온몸에 힘이 솟아난 것 같았다. 찬송을 불렀다 두 손을 들고 찬송을 불렀다. 찬송 소리는 점점 더 힘이 있었다. 안방에까지 찬송 소리가 들려오니 이제 마지막 임종이 다가온 것으로 생각하였다. 그러나 찬송 소리는 멈추지 않았고 더 힘찼다. 뒷방에 가서 보니 그의 얼굴빛이 변하기 시작하였다.그날부터 그는 거동을 시작하였고 몸에는 생기가 돌기 시작하였다. 그에게서 질병은 사라져버렸다. 그를 찾아오신 하나님은 그를 치료하여 주셨다.

너희가 너희 하나님 나 여호와의 말을 청종하고 나의 보기에 의를 행하며
내 계명에 귀를 기울이며 내 모는 규례를 지키면
내가 애굽 사람에게 내린 모든 질병의 하나도 너희에게 내리지 아니 하리니
나는 너희를 치료하는 여호와 임이니라 [출 15:16]

40. 살고 싶습니까?

1970년대에 익산에서 양복점을 하시는 집사님이 있었다. 교회 생활을 오래 하셨고 교회의 중진 자리에서 교회를 섬기고 있었다. 그러나 그에게 아직 해결하지 못한 것이 하나 있었는데 바로 담배를 끊지 못하는 것이었다. 금연을 하려고 특별히 노력도 하지 않았고 그냥 담배 피는 것을 즐기고 있었다.

어느 날 그 집사님이 담배를 피우다 목사님께 들켰는데 서로가 무안하였다. 목사님은 조용한 시간에 담배를 끊을 것을 권고하셨다. 그러나 그 이야기는 집사님이 생각했을 때 자신의 사생활을 침해한 것 같았고 자존심이 상했다.

그 이후로 교회 생활은 은혜가 식어버렸고 교회 생활도 형식적이었다. 한 마디로 목사님의 말씀에 순종하고 싶은 생각이 없었다. 그런데 갑자기 배에서 통증이 시작되는데 시간이 갈수록 견딜 수가 없었다. 병원을 찾아다니며 진찰을 해봐도 병명은 알 수가 없었다. 종합병원에서 정밀 검사를 받아도 마찬가지였다. 견딜 수 없는 통증은 더 심해져 갔고 몸은 점점 더 쇠약해 갔다.

어느 날 동네의 조그만 내과에서 진찰을 받는데 의사 선생님이, "살고 싶습니까?" 질문을 하였다. "네, 선생님, 살려만 주십시오."

"당신이 사는 길은 한 가지입니다. 담배를 끊으세요. 니코틴이 위장을 괴롭히고 있습니다." 그 순간 그는 갑자기 고압 전류에 감전된 느낌이었다. 눈물이 쏟아지기 시작했다, 의사 선생님의 말씀이 그에게는 하나님의 음성이었다. 그 시간부터 담배를 끊고 목사님을 찾아가 자신이 시험에 들었음을 고백하였다.

그 이후로 하늘의 평안과 기쁨이 찾아왔다. 불순종이 무엇인지를 깨달았다. 그는 살아계신 하나님을 봬 온 것 같았고 삶이 바꾸어지기 시작했다.

훈계 받기를 싫어하는 자는 자기의 영혼을 경히 여김이라
견책을 달게 받는 자는 지식을 얻느니라. [잠 15:32]
슬기로운 자의 책망은 청종하는 귀에 금고리요 정금 장식이니라. [잠 25:12]

41. 위대한 어머니 헬레나

콘스탄틴 황제는 주후 288년 콘스탄티누스 장군의 아들로 태어났다. 306년, 콘스탄틴의 나이 18세에 아버지가 갑자기 병으로 돌아가셨다. 콘스탄틴은 아버지의 후광과 왕국의 지지를 받아서 군부의 새로운 지도자가 되었다.

312년, 콘스탄틴은 로마의 떠오르는 별과 같았다. 24세에 그는 막센티우스와 권좌를 놓고 밀비안 다리에서 일전을 치르게 된다. 전투 하루 전날, 대낮에 하늘에서 십자가의 기가 나타나며 이 깃발로 승리하라는 음성이 들렸다. 콘스탄틴은 독수리의 깃발을 십자가의 깃발로 바꾸고 10월 26일 대승을 거둔다. 막센티우스는 강을 건너 도망치려다 물에 빠져 죽는다.

콘스탄틴은 로마의 권좌에 올랐다. 이듬해 313년, 밀라노에서 기독교의 종교적 자유를 선포한 밀라노 칙령을 발표하였다. 그것은 하나님께 서원한 약속이었다. 기독교는 로마의 국교가 되었다.

전투에서 왜 십자가의 기가 나타났는가? 그것은 지금껏 아들을 위하여 기도한 콘스탄틴의 어머니 헬레나의 기도에 대한 응답이었다. 헬레나의 기도는 기독교의 역사와 인류의 역사를 바꾸었다.

헬레나는 꿈에도 그리던 성지순례를 다녀왔다. 주님의 모든 발자취를 살피고는 너무 가슴이 아팠다. 예루살렘은 황폐했고 인적은 드물었다. 헬레나는 황제에게 성지 복원을 요청했지만 아직 거기까지는 힘이 미치지 못했다. 헬레나의 영향으로 로마에선 제우스 신전의 제사가 폐지되었다. 한나의 기도가 다윗왕국의 초석이 된 것 같이 헬레나의 기도는 교회의 주춧돌이 되었다.

이 땅 위에 가장 위대한 기도는 어머니의 기도다. 예수님을 잉태한 마리아는 하나님의 구원을 찬양하며 기도했다. 하나님은 하나님의 사랑을 세우시기 전에 믿음의 어머니를 먼저 보내셨다. 지금 로마의 베드로 성당에는 헬레나의 기념비가 있다.

42. 위대한 스승 설리반

설리반은 헬렌 켈러를 48년간 지도한 선생님이다. 일생을 헬렌 켈러를 위하여 희생하며 헌신하였다. 그것은 자신에게 넘치는 그리스도의 사랑이었다.

설리반은 가난한 집에서 태어나 어린 시절 어머니를 여의었다. 알코올 중독자인 아버지는 자식을 키울 능력이 없어서 결국 자식을 버렸다. 아버지에게 버림받고 안질에 걸려 치료도 제대로 받지 못해 실명하였다. 그는 심한 우울증으로 몇 번이고 자살을 기도하였다.

병원에 입원 중인 그에게는 오직 절망밖에 없었다. 그때 그에게 천사의 손길이 다가왔다. 그리스도의 사랑을 전하는 간호사 선생님의 헌신적인 사랑이 있었다. 그리고 바아바라 신부를 만나 그의 절망을 소망으로 바꾸어졌다. 바아바라 신부는 설리반을 보스턴 파킨스 맹아 학교로 보냈다. 설리반은 최우수자로 졸업을 하였으며 신문사의 도움으로 개안수술에 성공해 새로운 빛을 보게 되었다. 그의 영혼에 빛이 비추이니 육신의 눈에 빛이 임하였다.

설리반은 보지도 듣지도 말하지도 못하는 헬렌 켈러의 가정교사에 자원하였다. 설리반에게도 수많은 좌절이 다가왔다. 보지도 듣지도 말하지도 못하는 사람에게 글과 말을 가르치는 것은 쉬운 일이 아니었다. 어느 날 소나기가 쏟아지며 천둥 번개가 칠 때에 두 사람의 옷이 다 젖으면서 헬렌 켈러의 마음이 열리기 시작했다. 헬렌 켈러와 설리반의 마음이 하나가 되었다. 그것은 하나님의 은혜와 기도의 응답이었다.

필라델피아 템플 대학에서 헬렌 켈러에게 박사학위를 수여하였다. 템플 대학은 설리반 선생에게도 똑같이 박사학위를 수여하였다. 예수 그리스도의 사랑이 이룩한 위대한 인간 승리요 믿음의 승리였다. 헬렌 켈러는 전 세계를 일주하면서 인간 승리를 증거하였다. 48년간의 그리스도의 사랑이 맺은 열매였다.

43. 하나님의 은혜

70년대 초, 잠실교회에서 시무하시던 성동철 목사님은 전라북도 고창군 공음교회에서 부흥회를 인도하게 되었다. 그분이 인도한 부흥회는 수없이 많았지만 공음교회에서의 부흥회는 좀 특별한 부흥회였다.

목요일 낮 집회가 끝나고 성도들 전체가 시험을 치렀다. 부흥회에 말씀을 어떻게 들었는지, 말씀에 은혜가 있었는지 성동철 목사님은 확인해 보고 싶었기 때문이다. 시험지를 다 훑어보았는데, 대체적으로 성적이 별로 좋지 않았다. 저녁 시간에 한 사람씩 시험 점수를 공개하는데 단 한 사람만이 80점을 넘어서 호명하였고, 확인을 하였다.

김숙자. 이제 초등학교를 졸업한 어린 소녀였다. 중학교 진학도 하지 못한 딱한 형편이었다.

"숙자야, 목사님 따라서 서울에 가자. 학교에 보내 줄 테니까." 온 교인들이 숙자를 쳐다보았고 숙자도 깜짝 놀랐다.

"목사님, 정말입니까?"

"저녁에 아버지, 어머니 모시고 와라." 부흥회에서 은혜 체험과 시험 성적이 가장 좋았던 숙자는 운명이 바꾸어졌다. 사실 목사님이 서울에서 내려오실 때 나이 많은 장로님의 부탁이 있었다. 병원을 가지고 계신 의사 장로님은 나이가 많아 은퇴하시어 조용히 뒷바라지 해 줄 손녀같은 아이가 있으면 데려오라고 한 것이다.

숙자는 장로님 댁에서 야간 중학교를 다니게 됐고, 그 후 고등학교를 마친 후 대학까지 공부를 하게 되었다. 장로님은 자신의 집까지 숙자에게 유산으로 물려 주셨다.

숙자와 같은 교회를 섬기는 이홍원 전도사님은 숙자를 은근히 사모하고 있었다. 그래서 숙자는 목회자의 사모가 되었고, 이홍원 전도사님은 목사 안수 후 대만에 선교사로 파송되었다.

2년 후, 필리핀과 가까운 팔라우에서 중국어를 할 줄 아는 선교사를 찾아서 팔라우 선교사로 사역지를 옮기게 되었다.

사도 바울은 나의 나 된 것은 하나님의 은혜라고 고백하였다.[고전 15:10]

시골에서 중학교 진학도 어려웠던 한 소녀가 하나님의 손에 붙들릴 때 일마다 귀한 하나님의 일꾼이 되었는가.

(성동철 목사님의 설교 내용 중)

44. 록펠러 어머니의 유언

삼대를 거쳐 세계의 최고의 갑부였던 석유왕 록펠러에게는 훌륭한 믿음의 어머니가 계셨다. 사무엘에게는 한나가, 모세에게는 요게벳이라는 어머니가 계셨다. 평소 믿음으로 아들을 양육시킨 록펠러 어머니는 다음과 같은 유언을 남겼다.

1. 하나님을 친아버지로 여겨라.

2. 목사님을 하나님 다음으로 여겨라.

3. 주일 예배는 본 교회에서 드려라.

4. 오른쪽 주머니는 십일조 주머니다.

5. 어느 누구도 원수로 만들지 말라(일생동안 열린 마음으로 살아가라).

6. 아침에 목표를 세우고 기도하라.

7. 잠자리에 들기 전 하루를 반성하고 기도하라.

8. 아침에 꼭 하나님의 말씀을 읽으라.

9. 예배시간에는 항상 앞에 앉으라.

54세에 불면증에 시달리며 질병을 앓았던 록펠러는 6개월 밖에 살 수 없다는 의사의 진단을 받았다. 그는 생에 마지막을 어떻게 보낼까 고심하면서, 어머니의 신앙적인 지도를 생각해냈다. 그리고 '내 생에 마지막을 하나님의 교회를 봉헌하고 하나님 앞에 가리라.' 그는 자신의 마지막 목표를 위해 뉴욕 허드슨 강변에 교회를 건축하였다. 이탈리아에서 수입한 대리석으로 종탑의 높이만 100m 정도인 세계 최고의 교회를 건축하였다. 그 후 그의 질병은 기적처럼 사라지고 98세까지 천수를 누렸다. 지금까지도 그 교회의 운영비는 매년 록펠러 재단에서 헌금을 하고 있다. 뉴욕 강변교회(Riverside Church)는 지금 세계적인 관광 명소가 되었다.

우리는 이 땅 위에 어떤 유언을 남길 수 있을까?

45. L.A. 흑인 폭동의 교훈

1980년대 L. A. 흑인 폭동은 누구나 다 기억할 것이다. 그 폭동으로 인해 수많은 가게들이 파괴되고 약탈을 당했다. 이로 인해 한국의 교민들은 엄청난 피해를 입었다. 그렇다면 왜 흑인들이 수많은 한국인의 가게를 파괴하고 약탈을 하였을까?

흑인들이 주 고객으로 상대했던, 한국인의 가게들은 대부분 주일날 장사를 하였다. 단골손님인 흑인들에 눈에 비춰진 한국 사람들은, 일요일도 없이 돈을 벌고, 한 번 움켜쥐면 펼 줄 모르는 인색한 사람들이어서, 흑인들의 주 공격 대상이 되었던 것이다.

1998년, 인도네시아에서 비슷한 사건이 일어났다. 인도네시아의 수도 자바 섬의 자카르타 폭동이 그것이다. 자바인들이 중국 화교들 가게를 파괴하고 약탈하여 인도네시아 전국이 혼란 속으로 빠졌다.

폭동 자체는 어떤 이유로든지 정당화될 수도 없고 미화될 수도 없는 범죄다. 그러나, '자업자득(自業自得)'이란 말이 있듯이, 심는 대로 거두는 법이다. 우리 한국 교민들은 수전노처럼 돈을 모을 줄만 알지 쓸지모르는 인색한 행동으로 흑인들에게 미움의 대상이 되었다. 폭동은 진압되었지만, 교민들에게는 또 하나의 시련이 찾아왔다. 국가에서 보상을 채주는데 세금 납부를 근거로 한 보상이었다. 지금껏 납세에 진실하지 못했던 사람들은 구제 받을 길이 없었다.

LA 폭동 이후 LA에서는 신앙의 갱신 운동이 일어났다. 주일날은 오직 하나님 앞에 예배드리고, 온전한 주일 성수를 하자는 것이었다. 장로도 집사도 주일을 몰랐던 성도들에게 LA 흑인 폭동 사건은 경종이 되었던 것이다.

우리는 하나님 앞에, 사람 앞에 진실하자. 사람의 눈으로도 진실하지 못했던 그들이 하나님 보시기에는 어떠했을까?

46. 발포하지 말라.

 1960년 3월 15일은 대한민국 3대 대통령 선거일이었다. 이승만 대통령은 자유당의 후보였으며, 조병옥씨는 민주당의 후보였다. 조병옥씨는 선거 유세 중 암으로 세상을 떠났고 이승만 대통령은 3선에 당선되었지만 얼마 후 전국적으로 선거 무효의 데모가 일어났다.

 마산에서 17살의 고등학생 김주열군의 시체가 물에서 떠오르면서 4월 19일 전국적인 학생들의 데모가 일어났다. 경찰의 발포로 수많은 학생이 죽었고 부상을 당했다. 이승만 대통령은 마침내 하야를 선포하고 하와이로 망명을 떠났다. 영부인 프란체스카는 마지막으로 "나는 한국을 사랑합니다!" 한마디를 남기고 떠났다.

 이기붕 부통령의 아들이요, 대통령의 양자가 되었던 이강석은 권총으로 온 가족을 살해하고 자신도 자살을 하였다. 4·19 의거는 예견된 사태였고 정부에서는 이미 이승만 대통령의 눈과 귀를 가려놓았다. 1959년부터 서울 시내 초등학교는 한 주에 한 학교씩 청와대 정문 앞에서 "대통령 할아버지, 하야하면 안 되십니다."를 외치었다. 청와대를 들어가는 신문까지도 모두 가짜였다.

4 • 19가 끝나고 전국적으로 경찰들의 구속 사태가 일어났다. 발포의 명령을 내린 경찰들과 총기를 사용한 경찰들은 무더기로 구속하였다. 당시에 청주 경찰서장은 간부 회의에서 발포하지 말라고 명령을 내렸다. 그 순간 한 직원이 우연히 녹음기를 청소하다 실수로 '발포하지 말라'는 명령이 녹음이 되었다. 하지만 어느 누구도 녹음이 된 것을 몰랐다. 청주 경찰 서장이 구속이 된 후 직원이 녹음기를 켜다가 발포하지 말라는 명령이 녹음된 것을 알았다.

녹음기가 증거가 되어서 청주 경찰 서장은 무죄 석방이 되었다. 서장의 명령과 녹음기의 녹음은 하나님의 특별한 섭리였다. 청주 중앙교회의 신실한 집사였던 서장은 하나님이 환란 속에서 특별히 지켜주시고 보호하시었다고 믿었다.

47. 보응

Y 장로님은 의술도 뛰어나고 교회에서도 존경받으신 장로님이시다. 그런데 부인 집사님이 자녀를 낳지 못해서 불평이 많았다. 그러다 병원에 간호사 한 명이 들어왔는데 글래머였다. Y 장로님은 간호사와 가까워지기 시작했고, 결국 부인과는 이혼하였다.

Y 장로님의 이혼 사건은 교회에도 충격적이었다. 장로면직의 중징계를 받고 수년이 지나 다시 그는 장로가 되었다. 그는 과거를 잊어버리고 새로운 삶을 살았다. 병원도 날로 번창하여 고향을 떠나게 되었다.

그동안 많은 재산을 모아서 서울에서 종합병원을 개원하였다. 의사로서 성공한 것 같았다. 교계 신문에 목회자들을 위한 무료 진료를 약속하였고, 성도들에게도 많은 혜택을 주었다. 보험제도가 없어 병원의 문턱이 높았을 때, 그의 인기와 명성은 높았다. 그러던 어느 날 갑자기 병원이 부도 처리되었다. 사무장으로 일하던 처남이 다른 사업을 시작하면서 병원을 담보로 수십억 대출을 받았던 것이다. 처남 사업이 하루아침에 무너지면서 병원은 부도가 났고 경매 처분이 되었다. 당시에 병원은 황금 알을 낳는 거위와 같았다. 병원의 부도는 우연일까?

필자는 Y 장로의 처남이 오히려 피해자라 생각한다. 그는 매형의 보응 때문에 사업이 무너졌고 병원이 부도처리 된 것이다. 사람은 심는 대로 거둔다. 사람에게는 동정도 있을 수 있지만 하나님의 심판은 피할 수가 없다.

성군 다윗도 용서는 받았지만 보응은 피하지 못했다. "왕은 은밀히 죄를 지었지만 왕의 집에는 백주에 이 죄가 나타날 것입니다. 왕의 집에는 영영히 칼이 떠나 지 않을 것입니다." 그에게 가장 마음 아픈 사건은 압살롬의 사건이다. 아들이 아버지를 죽이려다 죽은 것이다. 다윗은 통곡하면서 내 아들 압살롬아 내 아들 압살롬아 부르짖었다.

48. 오성(五星)장군 맥아더

맥아더는 2차 대전의 영웅이요 세계에서 단 하나뿐인 오성 장군으로 유명하다. 일본이 진주만을 기습하였을 때 맥아더는 전쟁을 서두르지 않았다. 3년의 군비 확장을 준비한 후 일본 열도를 봉쇄하여 버렸다. 전쟁은 보급선이 끊겨 버리면 끝난 것이나 다름이 없다.

2차 대전 때 일본은 항공모함이 있었지만, 레이더가 개발되지 않았고 잠수함이 개발되지 않았다. 레이더가 없는 일본 군함들은 미군의 잠수함 공격에 속수무책으로 침몰 돼 가고 있었다. 일본의 최후의 항전도 무서웠다, 가미가제 특공대를 조직해서, 비행기에 화약을 가득 싣고, 진주만을 기습하여, 자살 폭격을 감행하였다.

미국은 마침내 히로시마와 나가사키에 원자폭탄을 투하했다. 1945년 8월 15일 일본 국왕은 친히 항복문을 발표했다. 맥아더는 일왕이 항복할 때에 "나는 살아있는 신에게 항복을 받을 수 없습니다." 라고 하였다. 일왕은 맥아더에게 나는 신이 아니고 사람이라고 고백을 하였다.

맥아더는 일본의 전범자 최고 사령관 20명을 사형시켰다. 일본에서 가장 먼저 죽어야 할 사람은 일왕이었지만 일왕은 사형을 시키지 않았다. 일왕(천황)은 일본의 살아있는 신이요 일본의 혼이요 일본의 정신이었다. 맥아더는 일본의 통치를 위하여 일왕을 살려주었다고 했다.

1950년 9월, 맥아더는 인천상륙작전을 감행했다. 압록강에 다다른 맥아더는 주 폭격을 발표했다. 이때, 미국의 트루먼 대통령은 그를 해임시켰다. 그의 해임은 중공군의 개입으로 대한민국이 다시 양분되어 벌써 70년이 되었다. 그는 미국 국회에서 다 이겨 놓은 전쟁을 왜 중지시켰느냐고 반문을 하였다. 그리고 노병은 죽지 않고 사라져 갈 뿐이라고 하였다.

49. 우리에게 남은 것은 기도뿐이다.

우리에게 남은 것은 기도뿐이다.

1969년 7월 20일 인류 역사의 역사적 사건이 있었던 날이다. 미국의 우주 비행사 루이 암스트롱이 달에 첫 발을 디뎠다. 온 세계는 미지의 나라 달나라를 감탄으로 바라보고 있었다.

그러나 닉슨 대통령은 불의의 사고에 대비하여 미리 조사를 준비해 두고 있었다. 대통령도 100% 성공의 자신이 없었다는 이야기다.

1960년대 미국과 소련은 우주 경쟁을 시작하였다. 인류 역사의 첫 우주 비행사인 소련의 유리 가가린이 있다. 유리 가가린은 대기권을 한 바퀴 돌고 와서 하늘에 가보니 하나님은 없었다고 했다. 거기에는 하나님 비슷한 사람이 있는데, 그게 바로 자신이었다고 하면서, 신성 모독의 발언을 하였다. 미국의 자존심이 무너졌고 미국은 그 자존심을 회복하기 위하여 노력하다 드디어 달나라에 첫 발을 디뎠다.

루이 암스트롱의 달나라의 첫 발걸음은 온 인류의 우주여행의 꿈을 부풀게 하였고 그것을 상품화 시키려고 하였다. 그리고 과학 문명은 별들의 전쟁이 현실로 가시화 되었다.

아폴로 11호가 발사되기 직전 카운트다운이 시작되기 전에 미국의 기자들은 NASA 총 책임자 브라운 박사에게 질문을 하였다. "마지막 하고 싶은 이야기가 무엇입니까?" 브라운 박사는 "우리에게 마지막 남은 것은 기도뿐입니다."

"인간의 어떤 지혜도 하나님이 도우실 때 가능한 것입니다."

그 일후에 아폴로 13호가 우주에서 고장이 나 우주 비행사들이 우주 미아가 될 뻔하였다. 닉슨 대통령은 TV 연설에서 온 미국인은 하나님께 기도하자고 호소를 하였다. 아폴로 13호는 기적적으로 지구로 귀환하였다.

세계를 다스린 미국은 국가에 큰 어려움이 있을 때, 백악관 앞에서 백만 시민들이 모여서 하나님께 기도하고 있다. 이것이 미국이 받은 축복이다.

50. 한국 교회의 성문화

　전북 김제군 금산면 금산교회는 기억 자 교회로 유명하며 교회가 건축된 지, 100년이 넘어 국가 문화재로 등록이 되어 있는 교회다. 조선 말엽 남녀 칠세부동석으로 교회를 기억 자로 지었다. 그 당시 남녀가 한 자리에서 예배를 드리는 것은 상상도 할 수 없었기 때문이다.

　1950년대 우리 동네에서 처음 보는 결혼식이 있었다. 교회 식구들이 다 모여서 풍금소리에 찬송을 부르며 하는 결혼식은 우리 고향에서 처음이었다.

　우리 동네 누나 한 분은 교회에서 결혼식을 올리지 못했는데, 두 사람이 사귀었다는 죄로 교회에서 결혼식을 허락지 않았던 것이다. 그래서 집에서 결혼식을 하였다. 지금으로써는 옛날 옛날이야기다. 그때는 남녀의 이성 교제는 죄로 규정이 되었다.

　필자에게 세례를 주신 광주동명교회 권오균 목사님은 광주 시내 다른 교회에서 동명교회로 옮기게 되었다. 1950년대 자신이 시무한 교회에서 결혼식 주례를 하셨는데, 신부가 임신 중이었고, 보니까 이미 만삭이 되었다. 이 문제가 당회에서 불거지게 되었다. 장로님들은 어떻게 임신한 사람을 목사님이 주례를 할 수 있느냐고 항변이 있어서 목사님이 조용히 사임의사를 밝혔다. 목사님은 자신의 과오를 인정하셨다.

이때에 동명교회에서 목회자가 공석이었는데 목사님이 다른 큰 허물이 있는 것도 아니요 이런 일로 사임을 하신다면 모시겠다고 청빙을 하였다. 목사님의 고의적인 실수도 아니었는데 한 교회에서는 이 사실을 문제 삼았고, 다른 한 교회에서는 이해할 수 있는 문제로 생각하였다.

필자가 고등학교 다닌 60년대 교회는 남자석과 여자석으로 좌석이 분명히 구분이 되어져 있었다. 그리고 담임 목사님은 어느 날 여자분들 팔이 없는 짧은 옷(민소매)을 입고 교회 출석하는 것을 금한다는 광고를 하셨다. 개화기를 거친 한국 교회 성문화는 시대에 따라 표준이 달랐던 것이다.

51. 사명을 떠날 때

1970년대 전라남도 영광 낙월도에서 있었던 이야기다. 도서 지방의 열악한 조건 속에서 사역하던 전도사님은 교육관을 건축할 준비를 하고 있었다. 도서지방은 육지에서 건축자재를 실어 와서 지게로 다시 옮겨야 했다. 다행히 가까운 무인도에 모래가 많이 있어서 배를 빌려서 모래를 운반하였다. 그러다가 배가 좌초되어 교회는 몇 배의 어려움을 겪었다.

동서 사방으로 도움의 손길을 찾던 중, 서울에 있는 친구 목사님 교회에 집사님이, 영부인인, 육영수 여사의 비서인 것을 알게 되었다. 다행히 집사님의 연결로 생각보다 큰 보상과 도움을 받게 되었다.

이때 그 전도사님은 교육관을 적당히 건축을 마쳤고, 남은 돈으로 새우잡이 배를 사서 하루아침에 고기잡이를 하게 되었다. 욕심은 욕심을 낳아 새우잡이 하느라 주일날 예배시간에 빠질 때도 있었다. 아무리 바다를 돌아다녀도 배는 늘 빈 배로 돌아왔다.

첫 단추가 잘못 끼어지면 첫 단추를 고쳐야 한다. 물질에 헛된 욕심이 앞선 전도사님에게 하나님의 징계가 기다리고 있었다. 배를 살 때에 빌린 부

채와 기름 값의 출어비와 인건비는 눈덩이처럼 부풀어져 갔다. 결국 전도
사님의 마지막 갈 곳은 감옥이었다. 도서지방에서 불신자들에게 하나님의
영광을 가린 것이 더 큰 문제였다.

사도바울은 디모데에게 돈을 사랑함이 일 만 악의 뿌리라고 경고를 하였
다.

부하려 하는 자들은 시험과 올무와 여러 가지 어리석고 해로운 욕심에 떨어지나니
곧 사람으로 파멸과 멸망에 빠지게 하는 것이라 돈을 사랑함이 일만 악의 뿌리가 되
나니 이것을 탐내는 자들은 미혹을 받아 믿음에서 떠나 근심으로써 자기를 찔렀도
다. [딤전 6:9-10]

52. 동상

우리나라에 여러 사람의 동상이 있지만, 이순신 장군의 동상이 제일 많이 있다. 자신의 생명을 바쳐 나라를 구원한 성웅이기 때문이다.

근세기에 군인의 동상으로는 두 사람의 동상이 있다. 한강대교를 지나면 이원등 상사의 동상이 있다. 공수 특전단의 훈련 도중 낙하산을 펴지 못한 동료의 낙하산을 펴주고, 자신의 낙하산은 펼 시간이 부족해서, 맨몸으로 한강 얼음 속에 산산조각 난 채로 잠겼다. 그의 전우애와 값진 죽음을 기리기 위하여 서울의 관문 한강대교 옆에 그의 동상이 서 있다.

또 하나의 동상은 육군 사관학교 교정에 세워진 강재구 소령의 동상이다. 1960년대 월남 전쟁이 한창일 때 강원도에 옴리 월남 파병 훈련장에서 한 사병이 수류탄을 투척하다가 자기 앞에 떨어뜨렸다. 여러 부하들의 죽음이 다가 왔을 때에, 강재구 중위는 부하들의 희생을 막기 위하여 자신의 몸으로 수류탄을 덮쳤다.

부대에서 처음에는 단순 사고로 처리 중이었다. 그런데 그의 시신의 옷을 벗길 때에 그의 호주머니에서 기드온 협회의 조그마한 성경책이 나왔다. 성경책을 발견 한 군목은 그의 숭고한 죽음을 높이 평가하여 대한민국 군인의 표상을 삼고자 부대장에게 건의하였다. 그래서 그는 2계급 특진으로 승진되었고, 그의 동상은 모교인 육군 사관학교 교정에 세워졌다. 강재구 소령은 근세기에 대한민국에서 가장 존경받은 군인이 되었다.

박정희 대통령은 강재구 소령의 아들에게 육군 사관학교의 입학 자격증을 주었지만 장성한 아들은 당당히 서울대학교에 합격하였다. 미망인인 강재구 소령의 아내는 신앙의 힘으로 젊음을 수절하면서 자식을 훌륭히 키웠으며 나라를 위해 생명을 바친 그 가정을 하나님이 축복해 주셨다.

53. 하나님의 능력

전남 진도군 조도면은 수많은 유인도로 이루어져 있다. 상조도 곁에 라베도와 닭섬이 있다. 라베도는 나비섬이라는 지명이 라베도가 되었다. 닭섬과 나비섬은 서로가 혼인을 하지 않는다. 닭이 나비를 쪼아 먹으니 나비섬 사람을 죽는다고 믿는다. 그래서 그 두 섬 사이에는 절대로 혼인을 하지 않는다.

전남 고흥군 영남면 사두리는 동네 지명이 뱀 머리라는 뜻이다. 뱀과 영원히 하나가 되지 않는 짐승이 돼지다. 뱀과 돼지는 서로 상극이기에 서로가 잡아먹으려고 한다. 그래서 그 마을은 절대로 돼지를 키우지 않는다. 돼지를 키우면 동네가 큰 일이 난다고 믿고 있다. 시험 삼아 누군가 돼지를 키웠는데 동네 청년들이 정신 이상이 생겨서 그날 돼지를 배로 싣고 나간 사태까지 있었다.

영남면 사두리와 가까운 곳에 남열리라는 동네가 있다. 바닷가에는 구정이 지나면 반드시 용왕제를 드린다. 그 동네 목사님이 동네 회의 때 제안을 하였다. 용왕제를 드리지 않아 동네에 어려운 시험이 있으면 그 모든 책임을 자신이 지기로 하였다. 남열 마을이 생긴 이후 처음으로 떠들썩한 제사가 없었다. 사람들은 모두 반신반의하고 있었다. 동네에는 아무런 사건도 없었다. 그 후로 그 동네에서는 용왕제가 완전히 사라졌다. 그리고 그것이 거짓인 것을 알았다.

그러나 기도하는 목사님과 교회가 있었으며 목사님은 이미 기도 속에 하나님의 응답을 받았으며 영적으로 승리 하였다.

우리의 씨름은 혈과 육에 대한 것이 아니오 정사와 권세와 이 어두움의 세상주관자들과 하늘에 있는 악의 영들에게 대함이니 [엡 6:12]

54. 순교자 장정임

1950년 6월 25일은 우리 민족이 동족상잔의 비극, 가장 가슴 아픈 날이다. 3년의 전쟁 속에서 3백만 명 이상이 사망을 했고 천만 명 이산가족이 생겼다. 수만 명의 전쟁고아와 전쟁미망인들은 일생을 가슴 아픈 삶을 살아왔다.

여기에 제일 큰 피해는 교회였다. 수많은 교회가 불타고 수 많은 목회자들과 성도들이 순교를 당하였다. 기독교의 복음은 순교로부터 시작되어 12사도 모두가 순교를 당하였다.

전남 영광지방에서는 염산면 염산교회, 야월교회, 묘량교회, 백수교회 네 교회에서 순교를 당했다. 염산교회는 목사님 가족 5명과 성도 79명이 죽창에 찔려서 바다 수문에 수장이 되었고, 백수교회는 30여 명이 순교를 당했다.

백수교회 장정임 선생님은 18세의 아가씨로 주일학교를 충성스럽게 봉사하다가 순교를 당했다. 공산당들은 그의 두 손을 묶어서 학교 운동장으로 끌고 가 백수면 사람들을 불러 모아 공개 처형을 하였다. 그를 나무에 묶어 세우고 물었다.

"예수를 믿겠느냐, 믿지 않겠느냐? 믿지 않으면 이 자리에서 살려 주겠다." 장정임 선생님은 "나는 예수를 믿겠습니다." 그의 대답이 끝나자마자 오른쪽 귀를 잘라버렸다. 또다시 "예수를 믿겠느냐, 믿지 않겠느냐?" 물은 후, 이번엔 왼쪽 귀를 잘라 버리고 그 다음은 코를 잘랐다. 그의 온 얼굴은 피로 물들고 있었지만 '나의 갈 길 다가도록 예수 인도하시니' 찬송을 부르면서 죽창에 찔리고 찔려서 하나님의 부르심을 받았다.

요사이 18세의 나이는 고등학교 2-3학년 또래 학생들이다. 고3 아이들이 교회 출석을 제대로 하지 않은 시대에 우리 청소년들이 장정임 양의 순교를 다시 한 번 기억해 보아야겠다. 청소년들이 낮이 밤이 되고 밤이 낮이 되어 살아가는 시대에 우리도 깨어서 하나님의 나라를 준비해야겠다.

주님이 오실 때에 노아 때와 소돔 고모라의 때와 같지만 이 땅에는 더 큰 환란이 기다리고 있다.

55. 수탄장

    100여 년 전 광주의 최초 선교사인 오웬 선교사는 나주에서 광주로 오는 길에 나병 환자 한 사람이 쓰러져 있는 것을 발견했다. 의사이자 목사인 오웬 선교사는 나병 환자를 선교관으로 모시고 와서 치료를 하고 있었다. 이 소식이 나환자들에게 전해져 오웬 선교사 선교관에는 금방 수십 명의 나환자들이 모여들었다. 광주 양림동 일대 주민들은 난리가 났고 선교관에다 날마다 돌을 던지고 있었다.

    오웬 선교사는 전남 여천군 신풍면 일대 산을 매입하여 한국에서 최초로 나병 환자 정착촌을 만들었다. 이것이 애양원의 시작이었다.

    미국 선교사들이 개인적으로 훌륭한 일을 하자, 일본은 대제국으로서 무슨 일을 해야겠다고 하여서, 당시 조선 총독부는 전남 고흥군 녹동 앞에 있는 작은 사슴 섬 소록도에 나환자 정착촌을 만들게 되었다. 작은 일본이라고 하는 소록도 중앙공원을 만들 때에 나환자들은 노예처럼 혹사를 당했다. 일본인 원장은 공원에 자신의 동상을 세워 놓고 참배를 강요하였다.

1945년 8월 15일 대한민국은 해방이 되었고 소록도의 원장도 한국 사람으로 바뀌어졌다. 1950-1960년대 소록도는 일반인 거주지와 환자촌 사이를 철조망으로 가려놓아 작은 섬은 분단의 섬이 되었다. 산아 제한도 없는 시절 나환자들이 아이를 낳으면, 병원에서 출산과 함께 신생아를 일반인 거주지로 데려가 격리하였고 그곳에서 성장하며 교육을 하게 되었다. 면역력이 약한 아이들의 감염을 막기 위한 국가의 특별한 조치였다. 어린아이는 엄마젖 한번 물고, 엄마 품에 한번 안겨 보지 못하고 생이별을 하게 되었다.

한 달에 한 번 철조망 앞 도로에서 부모와 자식의 집단 면회가 있었다. 서로가 가까이 할 수도 없고 바라볼 수만 있는 면회였다. 자식을 안아보지도 못한 부모의 슬픔과 탄식의 장소라 하여 이곳을 수탄장이라고 부르게 되었다.

1980년대 초 대한민국의 이산가족 찾기는 온 국민을 눈물바다로 만들었다. 수탄장(愁歎場)은 지금 옛 추억의 장소가 되었다. 지금은 소록도에서 출산도 없고 건강을 회복한 환자들은 육지의 정착촌에서 살아가고 있다.

56. 눈은 몸의 등불이니

일곱 살쯤 여름 모내기철이었다. 어른들 모내기하는 데에 놀러 나갔다가 어둑해서 집으로 돌아오는데 갑자기 아무것도 보이지 않았다. 집으로 돌아오는 길은 오른쪽은 도랑물이 흐르고 왼쪽은 논이었다. 1m 아래쪽 논으로 떨어져, 나는 몇 차례를 구르면서 혼자서 울며불며 길을 헤매고 있었다. 온몸이 흙탕물 범벅이 되었다. 그때 지나가는 어르신 한 분 이내 손을 잡고 집으로 데려다주었다. 그 이후 저녁만 되면 나는 두려워했다. 아무것도 안 보였다. 방문을 열고 나오다가 마당으로 구르면 비명을 지르면서 울었다. 그때마다 어머니는 쫓아와 눈을 뜨고 무엇을 보느냐고 나를 쥐어박았다.

여름방학이 되어서 광주에서 사범학교를 다니시던 형님이 오셨다. 형님과 저녁 식사를 하는데 형님이 깜짝 놀랐다. 내가 반찬을 찾지 못하고 더듬고 있었기 때문이다. 형님은 어머니를 부르시어 동생이 밤눈이 어둡다고 이야기를 하셨다. 어머니는 충격이었다. 큰 아들 이후 자식 셋을 묻었던 어머니는 둘째 아들이 밤눈이 어둡다고 하니 너무나 충격을 받았다.

다행히 나는 선천적으로 눈이 어두운 것이 아니었고, 영양실조였던 것이다. 마침 미국에서 개발한 약품이 한국에 막 수입이 되었던 때였다. 동네 어르신 한 분이 선천적으로 밤이 어두웠고 그의 딸 또한 밤눈이 어두웠다. 동네에 어르신과 동시에 같은 약을 먹었을 때 내 눈만 밝아왔다. 어느 날부터인가 갑자기 환해지기 시작하였다.

그 이후 어머니는 나를 데리고 이웃 마을로 다녀오셨다. 시내도 건너고 도랑을 건너고 돌다리를 건너면서 내 눈을 확인하셨다. 저녁이 되어도 이제는 두려움이 없어졌다. 참 평안과 자유를 누렸다.

영적인 세계도 마찬가지다. 발람선지자처럼 두 눈이 가려져 있이 사망의 길인지 생명의 길인지를 모른 사람이 얼마나 많은가?

눈은 몸의 등불이니 그러므로 내 눈이 성하면 온 몸이 밝을 것이요. [마 6:22]

57. 인생의 나침반

1950년대 말과 1960년대 초는 전쟁의 상처와 후유증이 많이 남아 있었다. 여기저기 좌익사상을 가진 사람들이 숨어서, 활동을 하였고 고정 간첩들도 많았다. 사회가 어수선하고 혼란스러운 때 였다.

목포에서 고등학교 선생님 한 명이 좌익사상에 물들어서 학생들을 포섭해 월북을 기도했다. 학교와 사회에서 상당수의 사람을 포섭해가면서 월북계획을 세웠다. 월북의 방법으로 배를 한 척 탈취하여 선원들을 죽이고 선장과 기관장에게 월북을 명령했다. 그 때는 밤이었다.

제일 먼저 나침반을 깨뜨리고 서해안을 따라서 무조건 북쪽으로 항해를 지시했다. 밤안개가 자욱하여 지척을 분간할 수 없는데, 나침반을 깨뜨린 것이다. 선장은 마음속으로 미소를 지으면서 그들은 아무도 바다를 알지 못하니 마음대로 속일 수 있다고 생각하였다. 아무리 캄캄한 밤이라도 선장은 신안 앞바다를 잘 알고 있었다. 선장은 신안 섬 하나를 밤새껏 돌고 돌았다. 아침 동이 터 올라 모두 북쪽에 도착한 것으로 알았다. 그러나 배는 목포 근교에 머물러 있었다. 이미 때는 늦었다. 모두 체포가 되었다. 그 것은 나침반을 깨뜨린 어리석음 때문이었다.

고대에 가장 확실한 나침반은 하늘의 별이었다. 사막을 여행하는 사람들이 하늘의 별을 보고 길을 찾았다. 바다에서 항해하는 배들은 낮에는 나침반으로 방향을 찾고 밤에는 별을 보고 길을 찾았다. 동방박사들도 별을 보고 유대의 왕이 태어남을 알고 찾아와 경배하였다.

인생의 길을 인도하시는 분은 주님뿐이시다.

나는 다윗의 뿌리요 자손이니 곧 광명한 새벽별이라. [계 22:16]

주님은 우리를 영원한 생명으로 인도하는 새벽별이다. 주님은 땅 위의 주의 종들을 이 땅위에 별들로 사용하고 계신다. 네 본 것은 내 오른손에 일곱별의 비밀과 일곱 금 촛대라 일곱별은 일곱 교회의 사 자요 일곱 촛대는 일곱 교회다. [계 1:20]

58. 양심

1990년도 전남 땅끝에 부흥회를 인도하러 간 적이 있었다. 교회의 가장 큰 문제는 한 동네에 교회가 둘인 것이었다. 교단의 어른들 자존심 때문에 목회자들에게 어려움이 많았다.

수요일 오후, 사구미까지 산책을 하면서 사구미 교회를 방문하였다. 통호리 교회의 어려운 문제를 이야기해 주니까, 사구미 교회 목사님은 자신의 문제를 들려주셨다. 사구미에도 교회가 둘인데 다른 교회에 새 신자가 생길 때에 자신의 마음이 괴로웠다는 것이다. 목회가 아니라 날마다 괴로움의 연속이었다는 것이다. 그래서 양심의 결단을 내리기로 했다. 교단의 징계를 받아도 교회의 문을 닫고, 그 교회를 떠날 것을 준비하고 있었다. 그런데 동네 다른 교회 목사님이 먼저 교회의 문을 닫았다. 실은 두 목사님이 똑같은 고통을 당하고 있었고, 똑같은 결단을 내릴 준비를 하고 있었던 것이었다.

애굽 사람들은 미라를 만들 때에 사람의 내장은 다 꺼내지만, 심장은 꺼

내지 않았다. 하늘나라에서 사람의 심장을 저울에 달아본다고 믿었기 때문이었다.

믿음과 착한 양심을 가지라 어떤 이들이 이 양심을 버렸고 그 믿음에 관하여 서는 파선하였느니라. [딤전 1:19]

59. 성철의 열반송

일생 동안 남녀의 무리를 속여서 하늘을 넘치는 죄 업은 수미산을 지나친다. 산채로 무간 지옥에 떨어져 그 한이 만 갈래나 되는도다. 둥근 수레바퀴 붉음은 내 발에서 푸른 산에 걸렸다. (1993년 11월 5일 중앙일보)

이 시대의 마지막 고승이라는 성철. 10년간을 눕지 않고 앉아서 잠을 잤다는 그의 수행은 너무나 유명하다. 합천 해인사에서 그는 임종을 앞두고, 열반송으로 산채로 무간 지옥에 떨어진다고 하였다. 평소에 그의 설법에서 부처는 만백성을 위하여 지옥에 있다고 하였다. 얼마나 모순된 말인가? 자기가 구원받지 못한 사람이 이 땅에 남을 구원할 수 있을까? 불경, 나마다경 38장 8절에 '하시야소래 오도무유지등야'라는 구절이 있다. 야소가 오시면 석가가 깨달은 도는 기름 떨어진 등불이라는 것이다.

10년을 맨발로 고행을 하던 청담은 구원은 기독교에 있다고 솔직한 고백을 하였다. 속리산의 스님 한 분은 김준곤 목사님께 자기 아들의 주소를 주면서 전도를 해 달라고 부탁을 하였다.

스데반은 죽음 앞에서 그의 얼굴이 천사의 얼굴과 같았으며 "보라 하늘이 열리고 인자가 하나님 우편에 서신 것을 보노라" 영광스럽게 주님의 부름을 받았다.

내가 선한 싸움을 싸우고 달려갈 길을 마치고 믿음을 지켰으니 이제 후로는 나를 위하여 의의 면류관이 예비 되었으므로 주 곧 의로우신 재판장이 그 날에 내게 주신 것이니 내게만 아니라 주의 나타나심을 사모하는 모든 자에게니라. [딤후 4:6-7]

이 땅위에 모든 사람이 죽음 앞에서는 진실하다. 유럽을 정복하려다 마지막 센트 해레나에서 죽음을 앞둔 나폴레옹은 "나사렛 사람이여, 그대 만이 승리자이다!"라고 고백을 하였다.

60. 인내

사람의 인내의 한계는 어디까지일까? 인생의 삶의 실패와 성공이 때로는 인내에 있다. 신앙의 승리와 실패도 인내에 있다. 그래서 인내의 등불이 가장 밝다고 한다. 인내의 종류는 두 가지다. 육체의 고통에서 인내하는 것과 정신적인 고통에서 인내하는 것이다.

삼국지의 관운장은 하루 천 리를 달리는 적토마를 탔지만 어깨에 독화살을 맞았다. 의원은 어깨의 뼈를 깎아내야만 생명을 건질 수 있다고 했다. 그래서 관운장을 기둥에 묶어두고 치료를 하려고 하였다. 사람의 뼈를 깎는 것은 졸도를 할 정도의 고통이기 때문이다. 그러나 관운장은 바둑을 두면서 어깨의 뼈를 깎아냈다. 이것은 인내라기보다는 초인적인 경지가 아닐까?

주기철 목사님은 못 위로 걸어가는 고문을 받았다. 두 걸음을 옮길 때에 더 걷지 못하고 쓰러졌다. 피투성이가 된 그의 발을 붙들고 일본의 형사도 눈물을 흘렸다고 한다. 자신의 생명을 하나님께 바쳤다.

주기철 목사님의 사모님이신 오정모 여사는 위암 수술을 마취 없이 하였다. 주님의 십자가의 고통을 체험해 보고 싶었다고 한다. 오정모 여사도 인간의 의지를 넘어선 인내였다.

보라 인내하는 자를 우리가 복되다 하나니 너희가 욥의 인내를 들었고 주께서 주신 결말을 보았거니와 주는 가장 자비하시고 긍휼히 여기는 자시니라. [약 1:11]

욥이 인내로 승리하였음을 성경이 증거하고 있다.
땅 위에서 가장 온유하다고 말하는 모세는 가데스 바네아의 반석에서 인내에 실패하였다. 그는 마지막 한순간 혈기와 입술의 실수로 가나안 땅에 들어갈 수 없었다. 사람이 한순간 인내하지 못하여 성내는 것은 하나님의 의를 이룰 수 없다.
주님은 나는 마음이 온유하고 겸손하니 내게 와서 배우라고 하셨다. 주님은 온유와 겸손으로 승리하셨고 인내로 승리하셨다.

61. 천하제일교의 약속

　중국이 자랑하는 장가계와 원가계는 중국의 최고의 절경이다. 6만 2천봉의 산봉우리는 사람의 글로 표현할 수가 없다. 해발 약 1200m의 산봉우리들이 300-350m의 거대한 돌기둥으로 6만 2천 봉우리라고 한다.

　지하에는 40여만 평의 동굴이 있다. 동굴 안에는 강이 흐리고 동굴은 배를 타고서 관광을 한다. 몇 십 만년 씩 되었다는 석순과 석주는 그 숫자를 헤아리기 힘들 정도다.

　원가계에 설치되어져 있는 수직 300m의 엘리베이터는 세계에서 제일 높다고 한다. 이곳은 겨울에 얼음이 거의 얼지 않아 돌기둥 들이 오랜 풍상을 견디어오고 있다고 한다. 350m의 돌기둥 마다 소나무들은 모두 분재의 군락이었다.

　350m 돌기둥 위로 하나님이 만들어 놓은 다리가 있다. 중국 사람들은 이 다리를 천하제일교라고 부른다. 천하제일교를 오가면서 사람들의 추락을 막기 위해 쇠파이프로 난간을 만들었다. 다리 난간 쇠파이프에는 수만

개의 자물쇠가 걸려 있었다. 그 자물쇠는 사랑하는 두 연인들이 자기들의 이름을 새겨 자물쇠로 잠가두고 열쇠는 산 계곡으로 던져 버린다고 한다. 어느 한쪽이 헤어지고 싶으면 그 열쇠를 찾아서 자물쇠를 열어야 한다. 천하제일교의 약속은 과연 영원할까? 사람들의 마음은 세월과 환경에 변하고 또 변한다.

그러나 우리 주님의 약속은 천지가 없어져도 하나님의 말씀은 일점일획도 없어지지 않고 다 이루시리라고 약속하셨다. 우리 시대에 이스라엘의 회복이 이루어졌고 이제 마지막 남은 것은 주님의 재림이다.

해산하는 여인의 산기가 임하여 온 것 같이 재림의 징조는 난리로 기근으로 지진으로 우리에게 확신하게 한 걸음씩 다가오고 있다. 주님은 너희가 천기는 분별하면서 시대는 분별하지 못하신다고 탄식하였다.

이스라엘의 군사 요충지 므깃도(아마겟돈)는 수많은 군대가 지나는 길이었다. 주님 오실 때에 아마겟돈의 큰 전쟁을 세계의 전쟁이 이스라엘 중심으로 일어날 것을 예언하신 말씀이다. 지금도 이스라엘은 사람과의 관계에서 언제 터질지 모르는 포탄의 뇌관이다.

62. 고난에는 하나님의 섭리가 있다.

1995년 노회 안에서 어려운 교회들을 찾아보고 싶었다. 선교할 교회들을 직접 확인하였는데, 그중에 한 교회가 전남 화순군 이서면 안심교회다. 전임자가 빈집을 빌려서 그곳에서 예배를 드리다가 떠났는데, 집 주인이 집을 비워 달라고 하였다. 이후, 하나님께서 성전 건축을 시작하게 하시어 주위의 산을 1천 평 매입하였다. 마침 서울에서 장로님 한 분이 교회를 건축해 주시겠다는 약속을 하였다. 이웃 교회 집사님은 1년 후 건축비를 받기로 하고 외상으로 건축을 하여 주셨다.

그러나 시련은 여기에서부터 시작이 되었다. 건축 헌금을 약속하신 장로님은 외면을 하였고, 건축하신 집사님은 건축이 끝나자마자 돈을 달라고 협박을 하였다. 농협에서 대출을 받아 건축비 절반을 드리고, 사택을 비닐하우스 속에서 목사님은 임시로 기거하고 있었다.

그런데 이번에는 동네 사람들이 신고를 하였다. 목사가 무허가 건물에서 살고 있다고 군청에 신고해서 비닐하우스 철거 명령이 건축비를 해결할 길은 없고, 기거할 사택도 없는 난감한 형편이었다.

　나는 우리교회부터 건축헌금을 지원하기로 작정하였고, 이후, 주위의 목사님들에게 안심교회를 도와달라고 부탁을 드렸다. 그러던 어느 날 교회 주위에 별장을 가지고 계신 장로님이 교회에 찾아오시어 사택을 건축해주시겠다고 약속을 하였다. 하나님은 목사가 비닐하우스 속에서 기거하는 것을 원치 않으셔서 신고를 하게 하셨고 사택이 없는 교회에 하나님의 손길로 도움을 주셨다.

　고난에는 하나님의 더 크신 섭리와 뜻이 있다. 지금 화순 안심교회는 모든 부채를 다 해결하고 복지 시설을 위해 힘쓰고 있다.

63. 해저 보물

1970년대 신안군 지도읍에서 횡설수설하고 다니는 한 청년이 있었다. 촌티가 흐르던 그의 모습은 사라지고, 갑자기 VIP 최고급 양복에 금테 안경을 쓰고 상아 파이프를 물고 있었다. 이전의 외모와는 완전히 달라진 모습을 한 청년은 지도읍에서 어떤 사업을 하면 좋을지에 대해서 횡설수설 이야기를 하고 다녔다. 그런데, 그 액수가 1-2억 규모의 사업이 아니라 수십억 짜리 사업에 대해서였다.

주위의 친구들은 갑자기 친구를 바라보는 눈길이 달라지기 시작했다. 60년대에 신안군 임자도 면장이 고정간첩인 사건이 있었기에, 주변 사람들은 이 친구도 북쪽과 접선하는 사람이 아닌가하고 의심하길 시작했다. 어떤 친구들은 먼저 신고를 하자고 하였고, 어떤 친구들은 조금 기다려 보자고 하였다.

그런데 얼마 후 공중파와 신문지상에 대서특필의 사건이 나타났다. 신안해저유물 도굴 사건이었다. 지도와 임자도 사이에 송나라시대 원나라시대의 도자기들을 일본으로 싣고 가다가 난파를 당했는데, 모두 바다에 천여 년 동안 수장되어 있었다. 지금껏 그 지역의 어부들의 그물에 계속 도자기가 걸려 나왔고, 어부들 집에는 도자기들이 몇 점씩 있었다. 어부들은 그 가치를 몰라서 심지어 개밥 그릇으로도 사용하고 있었다.

그러나 도굴범들은 도자기의 가치를 알았고, 잠수부를 동원하여 엄청난 도자기를 바다에서 도굴을 하였다. 도자기 한 점에 평균 천만 원이 넘었고, 1억짜리가 넘는 작품도 무수히 많았으며, 심지어 십억이 넘는 작품도 있었다.

급기야 국가에서는 해군함정을 파견하여, 바다를 감시하였으며, 해군잠수부를 동원하여 배 선체까지 인양을 하였다. 그때에 보물들은 지금은 광주에 박물관을 지어서 전시하고. 있다. 도굴범들이 인양한 도자기를 압수당하였고, 그들은 모두 감옥으로 가게 되었다. 그런데 더 안타까운 것은 도굴로 인양된 도자기들이 국가에서 인양한 도자기보다 훨씬 많으며 그 대부분이 이미 외국으로 흘러나간 것으로 추산이 된 것이다.

우리에게 가장 귀한 보물은 무엇인가?

네 보배를 진로에 머리고 호별의 금을 강가의 들에 버리길. [욥22:24]

64. 믿음의 사람 최용관 장로님

최용관 장로님은 1960년대까지 광주 동명교회에서 충성하시다가 하나님께 부름을 받았다. 장로님은 목포 지방 법원장 순천지방 법원장을 두루 지내시며, 가는 곳마다 하나님의 교회와 목회자들을 아끼셨던 훌륭한 하나님의 사람이었다.

장로님은 법관으로서는 마음에 아픔이 있었다. 민사 재판을 하러 온 사람들을 판사가 부르시어 화해를 시키면 대부분 화해를 하는데, 화해를 하지 않은 사람들 중에는 교인들이 많다는 것이다. 그래서 늘 장로하기가 부끄럽다는 고백을 하셨다.

1960년대 초 목포 지방 법원장으로 계실 때의 일이다. 전남 영광 낙월도 교회에 임성태 전도사님이 부임을 했는데 면장으로부터 핍박이 많았다.

낙월면은 상낙월도, 하낙월도, 송이도, 안마도등 불과 몇 개의 섬으로 전국에서 가장 적은 면 중의 하나였다 낙월도는 조그마한 단일 마을인데 면 소재지에서 갖추어야 할 관공서는 모두 갖추고 있었으며 제일 어른이 면장이었다.

면장은 새로 부임하여 온 전도사님에게 인사하러 오라고 기별을 넣었다. 그리고 정월달에는 용왕제를 드리는데 전도사님은 꼭 참여를 하라는 신앙적인 핍박까지 받고 있었다. 그때 마침 최용관 장로님이 목포 지방 법원장으로 계실 때였다. 임전도사님은 목포 지원에 들려서 낙월도교회 전도사임을 밝히고 도움을 청하였다. "장로님, 하나님의 사역을 위하여 낙월도에 한 번 들려주시면 감사하겠습니다." 최용관 장로님은 쾌히 대답을 주시며 날짜까지 이야기를 하셨다. 최용관 장로님은 영광 경찰서장을 대동하여 낙월도를 찾았다. 미리 연락을 받은 면장은 어른들을 기다리느라고 며칠전부터 조마조마 하였다. 최용관 장로님은 낙월도에 들려 제일 먼지 교회를 찾아가 전도사님께 엎드려 인사를 드렸다. 조그마한 섬이 발칵 뒤집히고 면장의 태도가 완전히 바뀌어졌다.

섬 주민 모두가 교회를 바라보는 눈길이 달라지기 시작하였다. 권위주의 시대에는 더 큰 권위 앞에 무릎을 꿇기 때문이다. 요사이 최용관 장로님과 같은 겸손한 법관이 많았으면 좋겠다. 그리하면 전능자가 네 보배가 되시며 네게 귀한 은이 되시리니

65. 여호와를 알자 1

부산광역시 사하구 괴정에서 원양어업을 하시는 사장님이 있었다. 물질적으로 풍요하며 근심 걱정이 없었던 집안에 큰 문제가 생겼다. 고등학교를 졸업한 딸이 방탕하여 돈을 물 쓰듯 뿌리고 다니는 것이었다. 부모의 만류도 소용이 없었고 급기야 딸은 어머니에게 칼을 들이대며 돈을 요구하기까지 하였다.

어느 날 딸은 가출을 하였는데, 차라리 눈앞에 딸이 보이지 않으니 집안이 조용하였다. 2년 이 지난 어느 날 가출했던 딸이 돌아왔는데 부모의 염려와는 다르게 딸은 새로운 사람으로 바뀌어 있었다. 허랑방탕하던 삶은 청산되고 부모에게 효도하는 딸로 변화되어 집으로 돌아왔다.

무엇이 딸을 그토록 변화시켰을까. 주일날이면 성경 찬송을 손에 들고 교회에 가고 집에 서도 성경 찬송을 가까이했다. 신앙이 삶을 변화 시킨 것이다. 부모는 딸에게 감동을 받았다. 그동안에 어떤 사연이 있었는지 어떻게 교회를 다니게 되었는지가 문제가 아니라 현실이 중요했다.

아버지는 가족회의를 하여 자신도 교회를 다닐 것을 선포하고 온 가정이 교회를 다닐 것을 권유하였다. 딸의 변화는 가정의 전도가 되었다. 아버지는 교회를 다닌 지 얼마 안 되어 혼자서 교회를 세울 큰 결심을 했다. 그러나 그것이 그의 삶 속에 큰 불행의 시작이었다.

주님은 베드로의 신앙고백 속에 음부의 권세가 이기지 못할 교회를 세울 것을 약속했다. 교회는 믿음으로 세워져야 하는데 그의 계획은 달랐다. 돈이 많아 땅을 샀고 교회를 세우는 데 1층은 공장으로, 2층은 교회로 다목적 건물을 지었다. 교회는 자신의 사업의 일부분이 되었고 자신은 교회 사장이 되어서 목회자를 고용인으로 생각하였다.

몇 사람의 목회자들이 교회를 떠나는 아픔을 겪어야 했다. 그러던 중 원양어업에 문제가 생겼다. 만선으로 돌아오던 배는 출어를 나가면 빈 배로 돌아왔고 사업에는 금이 가기 시작했다. 그러나 그는 깨닫지 못했고 하나님의 살아계심을 알지 못했다. 하나님의 손길이 2차적으로 그에게 건강에 징계를 내렸다. 암으로 투병을 하다가 결국 죽음을 맞이했다.

교회는 주님의 몸이다. 교회는 주님의 피로 값 주고 사셨다. 교회는 신앙의 고백으로만 세워져야 한다.

66. 여호와를 알자 2

1960년대 초에 이웃집 아주머니가 피를 토하면서 돌아가셨다. 병명은 폐디스토마였다. 그 당시 아주머니는 병원에 한 번 가본 적이 없었고 약 한 봉지 먹어본 적이 없이 자연 치유를 기다리다 죽은 것이다. 그렇게 죽는 것도 숙명으로 생각하였다.

40대에 아내를 잃은 아저씨는 밤마다 아내 무덤 옆에서 잠을 잤다. 엄마 없는 아이들의 형편은 말로다 표현할 길이 없었다. 나이 어린 딸이 오랫동안 살림을 꾸려야 했다. 큰 아들이 결혼을 해서 집안 살림은 반듯해진 것 같았다. 그러나 홀시아버지를 모시는 고통이 너무 컸다.

1971년 전남 고흥군 전체에 전기가 처음 들어왔다. 한마디로 빛의 혁명이었다. 호롱불 밑에서 생활하던 삶이 바꾸어졌다. 그러나 이웃집 아저씨는 혼자서 호롱불을 고집했다. 전기 시설비 돈이 아까워 전기를 켜지 못했다. 아들과 며느리의 심적 고통이 얼마나 컸는지 며느리도 오래 살지 못하고 병들어 죽었다.

이 세상의 가장 큰 죄는 무지다. 어리석고 알지 못해서 범죄하면, 깨닫지도 못하고 고치지도 못한다. 영적인 세계도 마찬가지다.

내 백성이 지식이 없으므로 망하는도다 네가 지식을 버렸으니 나도 너를 버려 내 제사장이 되지 못하게 할 것이요 네가 네 하나님의 율법을 잊었으니 나도 내 자녀들을 잊어버리리라. [호4:6]

67. 하나님의 영광을 위하여

대한민국은 장로교의 분열이 있을 때마다 피 흘림의 역사가 있었다. 해방 이후 예장과 기장의 분열이 있고서 이후, 6.25 한국 전쟁의 심판이 있었으며, 다시 예장의 분열 때는 4.19의 고통이 있었다.

30년간 평화로운 교단이 1979년 대구 총회에서 광주를 중심으로 총회를 이탈하여 개혁 교단이 형성되었다. 또한 이미 1979년 3월에 방배동 영광교회에서 신학교가 개교되어 박아론 교수가 초대 교장으로 부임하였다.

교단 분열이 생길 때마다 뜻 있는 목회자들은 다시금 피 흘리는 고통이 다가오지 않을까 염려하였다. 염려는 현실로 나타나 1980년 5월 18일 광주에서는 수백 명이 생명을 잃은 사건이 일어났다. 악인의 통치는 하나님의 간접적인 심판이다.

총회가 분열된 이후 노회가 분열되고 교회가 분열되는 아픔의 도미노 현상은 계속 이어졌다. 주님의 몸 된 교회에서 인간의 교권으로 얼마나 많은 상처와 고통이 따랐는가.

필자는 당시에 전남 영광 지방에서 목회를 하면서 총신 신대원 2학년에 재학 중이었다. 영광 지방 27교회는 새롭게 만들어진 교단에 합류를 준비하고 있었다. 어느 날 영광 지방의 어느 어르신이 교회를 옮기든지 신학을 옮기라고 명령을 내렸다.

나는 하나님의 주권을 믿으며 오직 하나님의 영광을 나타내도록 기도하고 있었다. 하나님, 목회자가 어떤 고통을 받아도 주의 양들은 고통이 없게 하여 주옵소서. 하나님, 저의 길을 인도하여 주옵소서 간절히 기도하였다. 그리고 성도들이 원한다면 교회를 떠나겠다고 광고를 하였다.

어느 주일날 박동일 집사님의 예배 후 광고가 있었다. 집사님은, "지금껏 교회의 갈 길을 많이 고민하고 있었는데, 어제 밤에 새로운 포도송이가 맺히는 꿈을 꾸었다. 우리 교회는 전도사님을 따라 가야 한다."고 결론을 맺었다.

첫째도 하나님의 영광을 위하여, 둘째도 하나님의 영광만을 위하여 살아갈 때, 하나님께서 우리의 길을 인도해 주신다.

68. 하나님의 은혜 1

사도바울은 나의 나 된 것은 하나님의 은혜라고 하였다. 태국 선교를 협력하면서 하나님의 은혜를 더욱 깨닫게 되었다. 태국 김성곤 선교사님의 선교 그룹에는 동명이인의 네 명의 쏨 차이가 있었다. 한 분은 장로님이요, 부장 판사다. 나머지 세 분은 전도사님들이다.

지금 치앙라이 사랑의 교회를 담임하는 쏨 차이 전도사는 미얀마 난민이다. 미얀마 난민 중에 아카 부족이다. 아카 부족의 뿌리는 중국이다. 그들은 중국의 소수 민족으로 미얀마로 이주를 했다. 미얀마가 사회주의 국가가 되면서 미얀마 난민은 지금 200만 명이 넘는다.

이들은 태국 국경지역 밀림 속에서 생활 터전을 잡았다. 밀림을 불태우고 그곳에 볍씨를 뿌리고 옥수수와 감자를 심는다. 그리고 이제는 하루 세 끼 먹으며 배부르게 살고 있다. 이들은 고향을 생각하기도 싫고, 가보기도 싫다고 하였다.

쏨 차이는 23년 전 7살에 미얀마를 떠났다. 불행하게 터전을 잡기도 전

아버지 어머니를 모두 잃었다. 중학교 2학년 때 김 선교사의 고아원에 수용이 되었다. 그는 어려서부터 똑똑하였고 열심을 가졌다.

23세에 16살의 소녀와 결혼을 하였다. 그리고 열심히 신학을 하면서 혼자서 많은 기도를 하였다. 난민 동네의 목회자로 최선을 다하는 그는 지금 치앙라이 사랑의 교회 담임 목회자가 되었다. 그리고 치앙라이 주변 26교회를 살피고 있다. 26교회, 30명의 목회자 중에서 60세가 넘은 분도 계시는데, 거의 40대 50대가 많다. 쏨 차이는 제일 어린 나이지만 이곳의 지도자가 되었다.

그는 더 큰 꿈을 가지고 기도하고 있다. 어디에서나 최선을 다하는 그는 내일에 더 큰 일꾼으로 쓰임 받을 것을 믿고 있다.

69. 자선냄비

해마다 성탄절이 다가오면 길거리에 구세군 자선냄비가 등장한다. 1894년 미국 샌프란시스코에서 배가 파선되어 수많은 어려운 사람이 생겼다 이때 조셉 몰핀이라는 선장이 어려움에 처한 사람들을 돕기 위하여 냄비로 모금 운동을 시작하게 된 것이 자선냄비의 기원이다. 그렇게 시작한 모금 운동은 전 구세군의 불우이웃돕기가 되었다.

그러나 한국에서는 구세군의 창시자 부시 대장의 뜻도 모르고 구세군이라는 단체가 교회의 교단인 것도 모르는 사람이 너무 많다. 그래서 구세군 교단은 복음을 전파하는 교회의 이미지보다는 불우이웃돕기의 단체로 자신들이 더 이해되고 있는 것을 안타까워하고 있다. 심지어 1, 2월에 전도를 하면 "12월도 아닌데 구세군이 왜 찾아 오셨나요?" 라고 반문을 한다고 한다.

구세군 자선냄비의 봉사를 구세군 목회자들끼리 하기는 너무 사람이 부족하여, 지금은 일반 봉사자들이 함께한다. 하지만, 이 숫자도 많이 줄어들어 구세군 목회자들이 점점 힘들어하고 있다. 진정으로 이웃 사랑을 나눌 봉사자들의 손길이 아쉽다. 구세군 자선냄비는 찾아가서 부탁하는 구제가 아니라 종소리를 들으며 이웃 사랑에 스스로 동참하는 구제를 원한다.

이 자선냄비에 여러 가지 에피소드가 많이 있다. 자선냄비에 2만원 기부를 했는데 어제 술김에 내가 돈을 넣었다며 다시 돌려달라고 찾아오는 사람이 있다. 문제는 돈을 찾으러 온 사람이 진짜 기부금을 내었는지, 혹시 거짓말을 한 것인지 알 길이 없다는 것이다. 어떤 사람은 만원을 주면서 9천 원은 거슬러 달라고 하기도 한다. 천원의 이웃 사랑도 이웃 사랑이지만 너무나 정 이 메마른 느낌이다. 그러나 매년 거액의 돈을 자신을 숨기며 기부한 선한 손길도 있다.

예루살렘 교회에 성령이 임재 했을 때 교회는 아름다운 공동체가 되었다. 다른 교회의 고통도 외면하지 않고 힘써 도왔다.

천국에서 주님은 내가 목마를 때 너희가 마실 것을 주었고 내가 배고플 때 먹을 것을 주었다고 하셨다. 가난한 이웃을 돕는 것이 주님을 돕는 것이라고 하셨다. 자선냄비의 구제의 손길들이 선한 사마리아 인의 손길이 되기를 원한다.

70. 심은 대로 거둔다.

　우리 고향에 도박을 좋아하신 어르신이 계셨다. 도박의 대상자는 주로 남의 집 머슴살이를 하던 사람들이었다. 칠 년을 머슴 살고도 자기 집에 쌀 한 톨도 가져가지 못한 사람이 있었다. 일 년 품삯을 자기 주인에게 도박으로 빼앗긴 머슴도 있다. 도박은 처음 시작은 도박이 아니다. 처음에는 작은 것으로 시작하던 것이 큰 것으로 바뀌어 간다.

　일 년 품삯을 주인에게 빼앗긴 머슴은 술을 먹고 와, 주인집 장독을 전부 두들겨 깨트려 버렸다. 당시 주인 어른에게는 광주여고에 다니는 따님이 있었다. 중학교 때부터 소문이 좋지 않은 따님은 고등학교 때 퇴학을 당했다. 그리고 지금은 자기 집안의 형부의 첩이 되어서 살고 있다.

　도박으로 재미를 본 아버지는 상당한 돈이 있어서 광주로 이사를 하였고, 딸에게 돈을 많이 빌려주었다. 딸이 돈을 갚지 않으니 딸과 재판을 하게 되었고, 딸은 친정 동생이 돈을 쓰고 군대에 가지 않은 것을 고발하였다.

왜 자식이 원수가 되었을까? 심은 대로 거두리라. 가까운 친구 집은 광주에서 몇 손가락에 꼽힐 재산이 있었다. 친구의 아버님은 건축업을 하시면서 부동산을 사 모으는 것이 천문학적인 숫자로 바꾸어져 버렸다. 어머니 되시는 권사님은 부목사님들마다 교회를 세워주겠다고 약속만 하고 실천하지 않았다. 속은 목사님들이 한두 분이 아니다. 주의 종들을 속인 것은 마치 하나님을 속인 것과도 같았다. 권사님은 둘째 아들과 재산으로 늘 불편한 관계를 갖고 계셨다. 급기야 아들과 재판까지 하게 되었다. 자기가 심은 것을 자기가 거두게 된 것이다.

다윗은 압살롬이 죽었을 때 내 아들 압살롬아 내 아들 압살롬아 부르짖었다. 자기의 죄값으로 자식이 반역을 하다가 죽게 된 것을 알고 있었다. 사람은 심은 대로 거둔다.

71. 김종필씨의 귀국보고

1972년 박정희 대통령은 10월 유신을 발표하였다. 10월 유신은 한국 독재화의 시작이었다. 10월 유신은 국민 투표에 붙여 졌는데 필자는 군대에서 투표용지를 구경만 했지 투표는 부대대장이 하였다. 그때 시중에는 총칼로 빼앗은 정치, 종이쪽지로 물려주겠느냐는 유행어가 생겼다.

당시 40대의 국무총리였던 김종필 씨는 10월 유신을 반대하여 국무총리에서 물러나게 되었다. 김종필씨는 박정희 대통령의 조카사위로 5.16 군사혁명의 주체 세력이었다. 그러나 그는 대한민국의 독재 정치를 거부하였다. 독재 정치는 민족을 배반하는 행위요, 반드시 역사의 심판을 받기 때문이었다. 모두 다 아부하던 시절에 자신의 양심대로 유신 독재 반대의 충언을 드렸다. 그때 박정희 대통령은 김종필씨의 충언을 받아들였다면 부하의 총에 맞아죽는 일은 없었을 것이다. 오히려 그는 이 나라의 영원한 지도자가 되었을 것이다.

김종필 씨는 국무총리에서 물러나 세계 일주를 시작하였다. 6개월간 세계 일주를 마치고 귀국하여 청와대에 귀국 보고를 하였다. "각하, 예수를 믿기로 했습니다."

"자네 같은 사람이 예수를 믿다니 무슨 일인가?"

"세계 일주를 해 보니 하나님이 계십니다. 하나님을 믿는 나라가 잘 살지 못한 나라가 없습니다."

김종필 씨는 그때부터 정동 감리 교회를 출석하였으며 건축위원장으로 교회 건축까지 하셨다. 풍운아의 삶을 사시며 한국 정치의 산 증인이신 그는 하나님을 만난 후 제2의 삶을 살게 되었다.

대답하여 가로되 왕이 만일 오늘날 이 백성의 종이 되어 지회를 심기고 좋은 말로 대답하여 이르시면 저희가 영영히 왕의 종이 되리이다. [왕상12:7]

72. 장개석의 결심

　중국에서 복음을 전파하는 송 전도사님이 계셨다. 그는 젊은 나이에 어린 삼남매를 남겨 둔 채로 하나님이 불러가셨다. 송 전도사님은 아내에게 이런 유언을 남겼다. "어린 아이들을 당신 혼자에게 맡겨 두고 가니 미안합니다. 이 아이들을 믿음으로만 키우면 하나님이 축복하여 주실 것입니다."

　그의 유언대로 세 자녀들은 미국 웨슬리 대학교를 졸업했고 아들 송자문은 자유 중국에서 장관이 되었고 큰 딸 송경령은 중국의 국부 손문의 아내가 되었다. 둘째 딸 송미령은 장개석 총통의 아내가 되어 두 딸이 중국의 국모가 되었다.

　그러나 역사는 두 자매의 운명을 서로 바뀌게 만들었고 두 자매는 서로가 다른 길을 가게 되었다. 송경령은 손문의 사후 공산당의 지도자로 모택동의 협력자가 되어 여자로써 최초 중국의 명예 주석이 되었다. 동생 송미령은 장개석 총통과 함께 대만에서 자유 중국을 세워서 본토의 회복을 기다리다, 모두 하나님께로 돌아갔다.

1945년 8월 15일 중국은 우리나라와 똑같이 해방이 되었다. 장개석의 국민당은 모택동의 공산당을 대륙을 횡단하며 추격했지만 부정부패로 장개석 정부는 무너져 버렸다. 국민당은 군인들의 전쟁의 물자를 공산당에다 팔아먹고 있으니 국민당의 존폐는 처음부터 정해져 있었다.

구사일생 중국에서 탈출한 장개석은 대만에서 국가의 최고의 적을 부정부패로 생각하고 나라를 다스렸다. 부정부패자에게는 용서가 없었다. 그런데 자기의 처남인 송자문 장관이 부정부패에 연루되자 아내를 미국에 보내 놓고 사형을 시켰다. 자기의 가족이라도 국가를 위해서는 희생을 시켰다. 장개석의 결정은 아무나 할 수 없는 결정이었다.

그래서 지금 대만은 아시아에서 가장 청렴한 나라가 되었고 가장 살기 좋은 나라가 되었다. 한때는 대만은 중국의 옥세를 가지고 있어서 중국의 정통성을 부르짖었지만, 세월이 흐르면서 이제는 독립을 원하고 있다.

복음의 진리가 흐르는 곳에는 언제나 정의가 하수같이 흘러야 한다.

73. 안과 의사의 헌신

강원도 정선군 북평 제일교회에 필자의 동생인 이중하 목사님이 시무하고 있었다. 북평은 탄광촌으로 북적거릴 때에는 인구가 2천명이 넘었고 활기가 넘쳐났던 곳이다. 그러나 1970년대 이후 폐광이 되고 이제 사람 몇백 명 되지 않은 썰렁한 강원도 산골 마을이다. 원주민만 남고 인적이 드물게 되니 교회들도 위기가 왔다. 좁은 장소에 교회는 네 곳인데 거의 다 미자립 교회가 되어 버렸다. 교단들은 교회의 문을 닫을 수도 없고 목회자들만 고생을 하고 있다.

그래도 동생이 시무한 북평 제일교회만 자립하는 교회로 체면을 유지하고 있다. 블록으로 지은 교회 건물은 낡아서 철거를 하고 새로 건축을 해야 하는데 성도들의 형편으로는 상상도 하지 못하고 있다. 동생 부부는 기도 밖에 모르고 주야로 하나님만 찾았다.

하나님의 교회는 하나님이 인도하셨다. 보건소 소장으로 새로 부임한 의사 선생님이 예수 믿는 형제였다. 연세대학교에서 의학을 공부하시고 안과 전문의가 되신 형제분이 예수님께 헌신하기 위하여 강원도 오지로 부임을 자원하였다. 의사선생님은 찬양의 은사가 있어서 성가대를 조직하고 교회는 생기가 넘쳤다.

의사 선생님은 3년의 임기가 끝나고 서울로 가시면서 퇴직금을 전부 헌금으로 바치었다. 서울에서 자기 집을 팔고 다시 사는데 3년 동안 차익이 있어서 천만 원 헌금을 보내왔다. 이것이 주춧돌이 되어서 교회는 1천 평의 땅을 확보했는데 지금 시가로는 수억의 자산이 되었다.

교회는 영적으로 힘이 넘치면서 30명의 교회가 60명의 교회로 부흥되었다. 교회 옛날의 교회가 아니었다. 오직 진실하고 기도하는 동생의 목회를 하나님이 축복하시어 교회는 날마다 성령의 충만함이 넘친다.

한 사람의 헌신이 얼마나 위대한가. 의사 선생님 한 분의 헌신이 교회가 변화되는 힘이 되었다.

74. 6.25와 주기도문

우리 민족의 역사 중 가장 큰 비극은 6.25 한국 전쟁이다. 동족상잔 비극으로 300만 명 이상의 사망과 천만 명의 이산가족의 슬픔은 70년이 되어도 치유되지 않고 있다. 우리의 이 아픔이 언제 해결될지 아직 기약이 없다.

1938년 평양 총회에서 한국교회는 신사참배를 합법화시켰다. 그 죗값으로 나라는 두 동강이 났고 6.25라는 하나님의 징계가 임했다. 그러나 한편으로는 고난 속에서 함께 하신 하나님의 서광이었다. 인류 역사상 한 나라를 구하기 위하여 전 세계가 도운 것은 처음이요 마지막이다. 50여개 국의 원조와 6대륙에서 16개국의 파병으로 하나님은 이 나라를 구원하여 주셨다.

UN상임 5개국에서 한 나라만 반대를 하여도 파병할 수가 없는데 하나님의 섭리로 소련이 불참하게 되었다.

맥아더 사령관의 인천 상륙 작전으로 9월 27일 서울이 수복되었고 얼마

후 압록강에 이르렀을 때 통일이 눈앞에 다가온 것 같았다. 이때 맥아더 사령관은 만주 폭격을 선언하였는데, 트루먼 대통령이 그를 해임시켰다.

중공군의 인해전술로 뼈아픈 1.4 후퇴가 시작되었다. 흥남 부두에는 피란민들로 인산인해를 이루고 있었고 미국 군함의 승선을 기다리고 있었다. 그러나 군함에 승선할 수 있는 사람은 5만 명밖에 되지 않았다. 이 사실을 이승만 대통령께 보고하니 대통령은 기독교 신자부터 승선을 시키라고 하였다.

그런데 문제가 생겼다. 누가 신자이고 누가 불신자인지 어떻게 구별할 것인가? 그때 묘안이 떠올랐다. 주기도문을 외울 줄 아는 사람은 예수 믿는 사람으로 인정을 받고 배에 승선할 수 있었다. 이때 5만 여 북한 성도들이 남쪽으로 내려왔다.

1.4후퇴 이후에 한국 기독교에 새로운 바람이 불었다. 월남한 성도들이 독자적으로 교회를 많이 세웠는데 그 대표가 영락교회다. 하나님은 6.25를 통해서 북쪽의 고통 받는 성도들을 구원하여 주셨다.

우리는 이민족에 다시금 피 흘림이 없도록 기도해야 한다. 이민족에게 평화의 통일을 이루어 주시고 전 세계에 제사장의 국가로 쓰임 받게 하소서.

75. 대한항공 신우회

중국은 전 세계에 음식을 통하여 문화의 뿌리를 내리고, 일본은 정원을 통하여 문화의 뿌리 내린다. 한국 사람들은 전 세계에 한인교회를 세워서 뿌리를 내린다.

중국에서 외국 선교사들을 공식적으로 받아들이지 않지만 한국의 목사님들이 한인 교회를 세우는 것은 허락을 받고 있다. 그래서 중국 어느 도시에서든지 한국인들이 모인 곳에는 한인 교회가 있다.

2005년 뉴욕 타임지는 이라크의 수도 바그다드에 한국인들이 신학교를 세우고 있다고 한국 기독교인들의 열심을 보도하였다. 서양 선교사들이 발을 딛지 못한 회교도권도 한국인 선교사들은 들어가서 복음을 전하고 있다.

한국 성도들의 열심은 직장에서도 마찬가지다. 나라의 최고 정치기관인 국회에서부터 대형회사에까지 반드시 신우회가 조직되어 있다. 우리나라 직장 신우회에서 가장 뜨거운 신앙으로 모인 신우회는 대한항공 신우회를 꼽을 수 있다.

대한항공 신우회는 다른 회사와는 다른 특별한 조건이 있다. 항공기는 휴무가 없어서 승무원들이 교회 생활을 하기가 힘들다. 승무원들이 잘해야 한 달에 한두 번 교회 출석을 할 수 있다고 한다. 모든 조건이 좋은 회사이지만 교회 출석을 하는 데는 어려움이 많다.

교회를 출석하지 못한 여자 승무원 두 사람이 어느 주일날 회사 계단에서 눈물로 기도를 드렸다. 하나님의 응답이었을까? 그날 대한항공 조중훈 회장이 그 광경을 우연히 목격하고 그들을 회장실로 불렀다. 조 회장은 승무원들에게 무슨 문제가 있어서 그렇게 눈물을 흘렸냐고 물었다. 조 회장은 이들의 신앙적인 애로 사항을 이해하고 어느 시간에든지 자유롭게 기도할 수 있고 예배할 수 있는 큰 사무실을 하나 주었다. 여기에서부터 예배드리며 기도한 신우회 회원들이 늘어가면서 전국에서 최고의 직장 신우회가 되었다. 울며 씨를 뿌리는 자는 기쁨으로 단을 거두리로다.

76. 욕심이 잉태할 때

서울 동작구 어느 초등학교 6학년에 재학 중인 숙이란 아이가 있었다. 편모슬하에서 자란 숙이는 얼굴도 예쁘고 마음씨도 고왔다. 친구들보다 키도 훤칠하게 컸고 공부도 잘하며 교회도 잘 다녔다.

그런데 갑자기 머리가 어지럽고 빈혈이 생기면서 쓰러지기 시작했다. 병원에 가서 진찰을 받으니 백혈병이었다. 너무나 가난하여 골수 이식 수술은 생각도 할 수 없었다. 그러나 입원을 하였고 학교와 선생님이 힘을 써서 숙이를 돕자는 방송을 하기 시작하였다.

마침 이때 담임 목사님이 기도원에서 큰 은혜를 체험하고 건강을 회복하였다. 그래서 숙이를 데리고 기도원을 찾았고 짧은 시간에 숙이도 건강을 회복하였다.

숙이와 엄마가 기도원에서 하산 할 때에 기도원 원장은 숙이 엄마에게 숙이를 입원시키지 않겠다는 다짐을 받았다. 기도원 원장은 세상 의술을 부인한 것이 아니요, 성도들이 병원에 입원한 것을 막은 것도 아니었다.

숙이 엄마는 집에 와 담임선생님께 숙이가 하나님의 은혜로 치유됨을 간증하였다. 그런데 큰 문제가 생겼다. 방송국에는 전국에서 도와준 격려금 수천만 원이 기다리고 있었다. 숙이가 입원하지 않으면 그 돈은 숙이와 전혀 상관이 없게 된다. 선생님은 숙이 엄마에게 한 가지 제안을 하였다. 숙이를 잠깐만 입원시켜 방송국에 모금된 돈을 찾은 뒤 퇴원을 시키자고 하였다.

기도원 원장은 이미 숙이 엄마 앞에 기다리는 시험을 알고 있었다. 숙이 엄마는 숙이를 입원시켰고 며칠 만에 숙이는 하나님의 부르심을 받았다. 숙이 엄마는 욕심으로 돈과 딸의 생명을 바꾸고 말았다. 대성통곡하며 가슴을 뜯어도 돌아올 수 없었다. 하나님께 큰 영광을 돌리고 그 돈을 다른 아이의 생명을 위하여 값있게 사용했으면 얼마나 좋았겠는가?

욕심이 잉태한 즉 죄를 낳고 죄가 장성한 즉 사망을 낳으니라. [야고보서 1:15]
돈을 사랑함이 일만 악의 뿌리가 되나니 이것을 사모하는 자들이 미혹을 받아 믿음에서 떠나 많은 근심으로써 자기를 찔렀도다. [디모데전서 6:10]

77. 허리에 권총을 풀으시죠.

박정희 대통령의 보좌관을 지내시고 전국 불교협회 회장을 지내셨던 김장군은 원인모를 질병으로 고통을 받고 있었다. 서울대 병원에서도 그의 병명을 찾지 못했다. 우연히 주위에서 당신 같은 병은 강원도 태백기도원에 가면 고칠 수 있다는 말을 들었다. 김장군에게는 복음이었다. 그는 주저없이 태백기도원을 찾았다. 그곳에서 예수님을 영접하게 되었고 질병을 깨끗이 치료함을 받았다.

육군 본부 후배 장군들에게 김장군의 소식이 전해졌다. 군수 사령관은 선배 장군이 영월에서 요양중이라는 소식을 듣고 부하 대령 한 사람을 병문안으로 보내었다. 영월을 찾은 J대령은 예수를 믿는 장로였으며 초급 장교 시절 김장군을 모시었던 김장군의 부하 장교였다.

김장군은 J대령에게 자네는 예수 믿는 사람이니 기도를 한 번 받으라고 권유를 하였다. 그래서 기도를 받는데 기도원 원장은 '허리에 권총을 풀으시죠.' 군인에게 군인의 용어로 이야기를 하셨다. 당신은 지금 세 사람을 죽이고 싶은데 그중에 한 사람이 목사입니다. 이 세 사람과 관계가 회복되어야 당신이 형통하며 하나님의 축복이 함께 합니다.

J대령은 서울 왕성교회 길자연 목사님 교회에서 건축 위원장을 맡았다. 건축 과정에서 교회를 떠나게 되었고 이웃 교회에서 장로 장립을 받았다. J대령은 친구에게 사기를 당했고 동서에게도 속은 일이 있었다.

김장군의 병문안으로 기도원을 찾은 J대령은 그 이후 6개월을 주말이면 기도원을 찾았다. 기도원에 내려와 주일날 오후면 상경을 하였다. 그는 처음에는 은혜를 사모하여 기도원을 찾은 것이 아니었다. 이곳이 혹 사이비 집단은 아닌가, 어떻게 사람의 심령을 꿰뚫어 볼 수 있는가 기도원을 확인하고 싶어서 6개월을 다니다 인정하게 되었다.

그러므로 예물을 제단에 드리다가 거기서 네 형제에게 원망 들을 만한 일이 있는 줄 생각나거든 예물을 제단 앞에 두고 가서 형제와 화목하고 그 후에 와서 예물을 드리라. [마 523-24]

78. 양심

　나에게 친누나는 없지만 나를 업어주고 길러준 잊을 수 없는 누나가 한 분 계신다. 누나의 생애는 너무나 불행한 삶의 연속이었다. 네 식구가 행복하게 살던 누나의 집에 어느 날 갑자기 먹구름이 몰려오기 시작했다. 일하러 가신 아버지가 사고를 당해 하루아침에 아버지를 여의고, 몇 년 후 어머니는 문둥병이 발병하였다.

　동네에서는 문둥이가 살 수 없다고 집에 불을 질러 어머니는 물에 빠져 죽고 말았다. 고아가 된 남매를 큰댁은 키워줄 수 없을 정도로 가난하였다. 오빠는 남의 집 소를 키우는 일꾼으로 들어갔지만, 이제 여덟 살 난 누나는 오고 갈 길이 없었다.

　어머니는 그런 누나를 데려다 깨끗이 목욕을 시키고 새 옷을 입혀 그날부터 누나는 우리 집 식구가 되었다. 누나가 우리 집에 들어온 지 4년 만에 내가 태어나 나는 누나의 등에 업혀 자랐다.

내 나이 여섯 살, 누나의 나이 열여덟 살에 누나는 같은 동네에 사는 남자에게 시집을 갔다. 그해는 6.25 전쟁이 끝나 휴전을 하던 해였다. 그때 군대 간 사람은 언제 제대를 할지 기약이 없던 때였다. 신랑은 장가를 가기 위해 한 주간 휴가를 얻어 결혼식을 치르고 신혼의 꿈도 불과 며칠 다시 군대로 돌아가야만 했다.

시어머니와 두 식구가 살아가는데 시어머니가 너무 답답하고 미련하여 같이 살 수가 없었다. 누나는 일 년 후 서울로 가출을 하여 식모살이 생활을 시작하였다. 다시 열아홉 아가씨의 모습으로 바꾸어 몇 년 후 새로운 가정을 이루었다.

새 가정을 이루고 철이 들면서 양심의 괴로움이 생기기 시작했다. 남편과 시어머니를 배반한 하늘 아래 가장 큰 죄인이었다. 나를 길러준 어머니를 보고 싶고 내가 업어 기운 동생들을 보고 싶어도 양심의 가책 때문에 고향 땅을 찾아 올 수 없었다.

누나는 20년 만에 고향을 찾아와 어머니를 부둥켜안고 통곡을 하였다. "나는 양심의 가책으로 고향에 오기가 너무나 힘들었습니다."

믿음과 착한 양심을 가지라 어떤이들이 이 양심을 버렸고 그 믿음에 과하여 서는 파선하였느니라. [딤전1:19]

79. 주님은 언제 오실 것인가?

기독교의 3대 이적은 첫째 하나님이 사람이 되시어 이 땅 위에 오신 것이요 둘째 주님은 영원한 사망의 형벌을 깨뜨리고 부활하신 것과 셋째 주님은 심판의 주로 재림 나팔소리와 함께 다시 오신 것이다. 초림의 주님은 죄인을 부르러 오셨지만, 재림의 주님은 의인을 부르러 오신다.

주님은 승천하실 때에 다시 오실 것을 천사들을 통해서 약속하셨고 우리의 처소를 예비하러 가신다고 하셨다. 주님이 다시 오실 날을 천사도 모르고 아들도 모르고 오직 아버지만 아신다고 하셨다. 이것은 오직 하나님의 주권임을 가리켜주며 사람으로 시험하지 못하게 하심이다.

세상 끝 날을 유럽에서는 서기 천년으로 생각했으며 미국에서는 시한부 종말로 주님 오실 날을 발표했던 사람들이 안식교가 되었다. 우리나라에서는 1992년 예수님이 오신다고 온 나라까지 떠들썩하였다. 문제는 그것을 가르친 사람이 자신도 그것을 분명하게 믿지 못했다는 것이다. 1992년 이후 당신의 집 등기를 넘겨줄 수 있느냐는 기자의 질문에 대답을 못했다. 자신도 믿지 못하면서 가르친 것은 가장 큰 사기 행각이다.

필자가 목회를 하였던 전남 무안의 어느 교회에서는 1960년대에 주님이 오신다고 성도들이 흰옷을 입고 앞산으로 마중을 나갔었다. 1980년대 필자가 목회할 때 장로님 한 분은 자신은 분명히 재림 나팔 소리를 들었다고 하였다. 그런데 그분은 불행한 죽음으로 일생을 마쳤다. 일생을 사탄에게 속은 것이다.

예수님은 두 여인이 매를 갈다가 한 사람은 데려감을 당하고 한 사람은 버림은 당한다고 하였다. 두 사람이 밭을 갈다가 한 사람은 데려감을 당하고 한 사람은 버려둠을 당한다. 이것은 우리가 일상생활 속에서 주님을 맞이할 것을 가리킨 말이다.

우리가 영적으로 깨어 있는 사람은 주님이 오늘 오실지 내일 오실지가 그렇게 중요하지 않다. 우리가 땅끝까지 복음 전파의 사명을 다할 때 주님은 천군 천사의 나팔 소리와 함께 다시 오실 것이다.

80. 부끄러운 회개

전남 고흥군 두원면 대전리에는 솔밭이 아름다운 해수욕장이 있다. 백사장이 바라다보이는 언덕 위에 위치한 대전리 교회는 일찍이 이곳의 영적인 등대가 되고 있었다. 대전리 교회는 오래된 역사와 함께 몇 분의 목사님을 배출했는데 필자와 가까운 친구 목사님도 두 분 있다.

그중 한 목사님 가정의 이야기다. 그 목사님의 어머니는 기도 생활이나 봉사 생활에 열심인 분이셨다. 그런데 어느 날부터 그 어머니 집사님의 몸이 불편하여 병원을 찾았다. 그러나 의사가 병명을 알 수 없다고 하였다. 점점 몸이 고통스러워지는데 병의 원인을 모르니 해결할 방법이 없었다.

몸도 마음도 약해져 가는데 동서들은 어머니께 점을 보자고 권유했다. 어머니는 처음에는 완강히 거절했지만, 마음이 점점 기울어져 타의 반, 자의 반으로 점을 보러 갔다. 점쟁이는 어머니에게 "당신은 하나님께 죄를 지었으니 하나님께 빌라." 고 하였다. 어머니는 아무리 생각해봐도 하나님 앞에 죽을 죄를 지은 것 같지 않다며 영감님께 이 사실을 이야기하였다. 영감님은 무릎을 치면서 "내가 하나님께 큰 죄를 지었다"는 것이었다. 교회에 종탑을 세우려고 소나무 네 그루를 두었는데, 어느 날 두 그루를 훔쳐 와 바닷가에 숨겨두었다는 것이다. 배에 돛대로 사용하기 위해서였다. 영감님은 그날로 훔쳐 온 소나무 두 그루를 짊어지고 교회에 가져갔다.

예부터 도적은 아는 사람이 한다고 하였다. 적당히 한 번씩 교회를 다녔지만, 소나무 네 그루가 한눈에 들어왔던 것이다. 하나님의 성물을 손댄 것이 얼마나 큰 죄인지를 몰랐는데 회개하지 못하니 하나님은 점쟁이를 통해서 깨닫게 하셨다.

종탑 소나무를 교회에 반납하고 어머니의 질병도 깨끗이 나았다. 사실 얼마나 눈물로 회개를 했겠는가. 예수님은 이 돌들로도 아브라함의 자손이 되게 할 수도 있다고 하셨다. 발람 선지자를 책망할 때 나귀의 입을 통하여 말씀하셨다. 얼마나 부끄러운 회개인가.

81. 보응

　부산의 후배 목사님은 할아버지의 죄값으로 가문이 불행해졌다. 밥술이나 떠먹은 부유한 집으로 할아버지가 남의 아내를 겁탈하여 남의 가정을 파괴하였다. 사람은 심은 대로 거둔다. 할아버지의 딸 세 사람이 똑같이 이혼당하고 시댁에서 쫓겨났다. 보응은 여기에서 그치지 않았다. 후배 목사는 목회에 실패하고 아내에게 이혼을 당했다.

　후배 목사까지 피눈물 흘리는 보응이 임했다. 목회의 실패까지도 보응이었다. 그는 모든 것을 다 잃었다. 그는 자신이 지은 죄는 아니었지만 가문에 흐르는 저주를 끊기 위하여 하나님께 눈물의 기도가 있어서야 했다. 그리고 영적으로 승리했다면 그 저주의 보응에서 벗어났을 것이다.

　원주에 존경하는 목사님 한 분이 계신다. 80세가 넘으신 목사님은 보응으로 일생을 눈물을 흘렸다. 아버지께서 알코올 중독자로 정신 이상으로 돌아가셨다. 그런데 목사의 아들이 알코올 중독자가 되었고, 두 딸이 정신 이상이 찾아왔다. 선배 목사님은 천성적으로 현명하신 분이시다. 그러나 성품이 현명한 것과 영적인 세계와는 달랐다. 목사님도 젊은 시절은 목회의 실패자였다.

원주의 선배 목사님은 가문에 흐르는 보응이 있다는 것을 깨달았다. 일생을 목사로 살아왔지만, 자신이 영적으로 승리하지 못했음을 깨달았다. 그는 20여년을 눈물의 기도를 드렸다. 아들이 알코올 중독에서 해방이 되었고 두 딸이 매임에서 해방이 되었다.

나이 70이 넘었을 때 목사님은 오고 갈 길도 없었다. 그러나 하나님이 예비하신 손길이 있었다. 후배목사님의 배려로 후배 목사님 교회의 심방자로 협력 목회를 하고 계신다. 팔순이 지났지만 더욱 더 건강한 사역자로 그는 하나님 앞에서 은퇴가 없이 사역하고 계신다. 주님은 십자가에서 다 이루셨지만, 우리도 주님 붙들고 믿음으로 승리해야 한다.

우리의 싸움은 혈과 육에 대한 것이 아니요 정사와 권세와 이 어두움의 세상 주관자들과 하늘에 있는 악의 영들에게 대함이라. [에베소서 6:12]

82. 한국교회의 가장 큰 범죄는?

1910년 8월 29일은 대한민국의 국치일이다. 나라의 주권은 사라지고 일본과 한일합병이 되었다. 10년 후 1919년 3월 1일 독립운동이 일어나며 나라를 되찾기 위해 얼마나 많은 피를 흘렸는가. 36년이 지나 1945년 8월 15일 해방이 되었다.

1938년 한국 기독교는 하나님께 큰 범죄를 하였다. 수많은 순교의 피를 이 땅에 적시었지만 평양총회에서 홍택기 총회장은 신사참배를 결의하였다. 이 나라 38선의 분단은 우연이 아닐 것이다. 한국 교회의 범죄의 대가는 반세기가 지나도 아직 치유되지 않고 있다.

1977년 합동 측 총회가 총신 강당에서 개회되었다. 여기에 무서운 사건이 생겼다. 어느 총대 목사님이 성찬상을 뒤엎었다. 원인은 경상도와 전라도의 지역 싸움이었다. 어떤 원인이 있을지라도 성찬상을 뒤엎은 것은 성례를 모독한 중죄이다. 마땅히 목사는 면직을 당해야 했다. 그분은 다음 해에 교통사고로 돌아가셨다. 그분이 분명히 회개했을 것으로 믿는다. 그러나 하나님의 보응은 피할 수가 없다.

　당시에 총회를 마음대로 주물렀던 목사님은 불행하게 돌아가셨다. 예수님은 겟세마네에서 검을 든 자는 검으로 망하리라고 베드로에게 충고를 하셨다. 사람은 심은 대로 거둔다.

　한국 교회의 분열 때마다 한국 교회는 피 흘리는 역사의 발자취를 남겼고 예장과 기장이 나뉘면서 6.25를 겪었고 예장에서 합동과 통합이 나뉘면서 4.19의 피 흘림이 있었다. 1979년 합동과 개혁이 나뉘면서 5.18의 피 흘림이 있었다.

　하나님의 크신 은혜로 2006년 9월 대전 총회에서 26년 만에 합동측이 개혁측과 극적인 하나를 이루었다. 선교 2세기에 한국 교회는 지금 세계의 선교를 책임지고 있다.

83. 40일 금식기도

하나님의 사람 모세는 40일 금식기도를 연속 두 번을 하였으며 엘리야는 호렙산까지 걸어가면서 40일 금식기도를 하였다. 신약 시대에는 예수님이 하나님의 사역을 40일 금식기도로 시작하였다.

세계적으로 우리나라처럼 기도에 열심 있는 나라가 드물고, 40일 금식기도를 많이 하는 성도들도 드물 것이다. 그러면 우리는 금식기도를 왜 해야 하는가? 금식기도는 죄인이 받은 최고의 형벌이요 우리 몸을 하나님께 제물로 드리는 것이다.

요나 선지자가 니느웨에 복음을 전파할 때 니느웨 백성들이 금식하며 회개하였다. 성경에는 개인이나 국가에 위급함이 다가올 때 금식하면서 하나님께 부르짖었다. 6.25때에 대한민국 목사님들이 부산 초량교회에서 한 주간을 금식하면서 통회하였다.

그런데 40일 금식기도의 부작용이 너무 많다. 어떤 분은 부흥회를 다니실 때 40일 금식기도 몇 번이라고 금식기도를 자기의 명예로 삼는 분이 있다. 금식기도는 누구에게도 자랑이 될 수는 없다.

필자는 40일 금식기도 후 불구자가 되어버리고 목회 사역이 중지된 사람들을 여러분 알고 있다. 신령한 은혜를 체험하지 못하고 왜 불구자가 되었는가? 몇 가지 사례들을 생각해 본다.

1985년 전남 무안지방 목회자 수양회를 제주도에서 개최한 적이 있었다. 제주 토산교회 나의 후임 목사님이셨던 서관식 목사님께 몇 가지 질문을 하였다. 제주시에서 존경받은 목사님 한 분이 40일 금식기도 후 왜 불구자가 되었는가를 물었다. 나는 서관식 목사님의 대답 속에서 금식기도가 무엇인가를 다시 깨닫게 되었다.

문제의 발단은 사모님으로부터 시작이 되었다. 사모님이 시내에서 어느 권사님께 안수를 받으셨다. 권사님은 사모님께 안수를 하면서 목사님이 40일 금식기도를 하면 세계적인 목사가 되겠다고 말하였다. 사모님은 그 말을 그대로 믿고 목사님께 준비도 없이 40일 금식기도를 권유했다. 그리고, 목사님은 한라산의 기도원에서 금식을 시작하였는데, 기도원에서 더이상 금식하면 안된다며 금식을 중지시키고 하산을 명령하였다. 그러나 목사님은 40일 금식을 고집하다 혼수상태에 빠졌고 그 이후로 불구자가 되었다. 물론 목회도 끝이 났다. 사단에게 속은 것이다. 금식기도 해야 할 목적이 무엇인지를 몰랐다.

서관식 목사님도 교회 건축을 위해서 40일 금식기도를 시작하였다, 2주일이 지나서 하나님의 응답을 받았다. 응답을 받았지만 계속해서 40일 금식기도를 하고 있는데 시력에 이상이 왔다. 그때 서귀포에서 약국을 운영하시던 친구 집사님이 기도원에 오셨다,

"목사님, 저는 영적인 세계는 잘 모르지만 의학적인 상식으로 계속 목사님이 금식을 하시면 실명을 할 수 있을 것 같은데요." 서관식 목사님은 그 말 한 마디에 하산을 하였고 하나님의 응답대로 교회를 건축하였다.

벌교 근교에서 목사님 한분이 40일 금식기도를 마치고 하산하였다. 주일 아침 새벽기도시간이었다. 여 집사님 한 분에게 강단에서 예언을 하셨다.

"집사님, 유식이 어제 서울에서 왔는데 돈 5만원 벌어 가지고 왔어요." 집사님은 예배가 끝나고 집에 가서 아직 잠을 자는 아들을 깨웠다. "유식아, 5만원 벌어 왔느냐?" "예. 5만원 벌어서 왔습니다." 목사님이 큰 능력을 받으신 것으로 교인들은 생각했는데, 주일 낮 예배에 큰 문제가 생겼다. 설교가 두 시간이 지나도 끝나지 않았고 성경 말씀은 한마디도 없이 평소에 감정적인 성도들에 대한 공격만 있었다. 상황이 이상한 것 같아 젊은 집사님 몇 분이 목사님의 설교를 제재하려고 하는데, 40일 금식기도한 사람을 당해낼 수가 없었다.

그 교회는 그때 시험으로 영영 힘을 잃어버렸다. 목사님은 건강이 회복되지 못한 채 정신 이상이 왔고 혀도 어눌해졌다. 총신 동기 목사님 중에서 40일 금식기도를 하고 앉은뱅이가 돼버린 목사님이 계신다. 목회도 끝나고 가정도 파괴되었다. 잘못된 기도의 목적이 낳은 결과가 얼마나 두려운가? 가까운 친구 목사님 가정에는 사모님이 2년에 한 차례씩 장기 금식을 하신다. 그 때마다 목사님 혼자서 자녀를 키우며 목회하는 어려움이 너무 많았다. 사모님의 금식 때문에 교회에 시험이 왔다. 그래서 목사님도 40일 금식기도를 하셨다.

금식기도는 성경대로 해야 한다. 성경에서는 왜 금식을 명령했는가?

1. 죄를 회개할 때 금식을 하였다.

"너희는 금식일을 정하고 그 성회를 선포하며 장로들과 이 땅 모든 기민을 너희 하나님 여호와의 전으로 몰수히 모으고 여호와께 부르짖을찌이다." [요엘 1:14] 이스라엘이 메뚜기의 재난으로 황폐해졌을 때 금식하여 회개할 때에 하나님의 중심이 뜨거워지겠다고 약속을 하였다.

사무엘은 미스바에 이스라엘 백성이 모여 금식하며 기도할 때에 하나님의 권능으로 블레셋을 물리쳤고 에벤에셀의 기념비를 세웠다. 요나 선지자의 복음을 들은 니느웨는 금식하며 기도할 때에 하나님의 심판이 연기되었다.

2. 어려운 시험이 다가올 때 하나님의 도우심을 간구하기 위해서이다.

모압과 암몬이 동맹하여 유다를 침공하였을 때, "여호사밧이 두려워하며 여호와께로 낯을 향하여 간구하고 온 유다 백성에게 금식하라 공포하매 하나님의 응답을 받은 여호사밧은 군대 앞에 찬양대를 세워 하나님을 찬양하니." [대하 20:3] 에돔 자손이 쳐들어와 모압과 암몬이 전쟁을 하였다. 에돔을 물리친 모압과 입몬은 자기들끼리 싸워 모두가 전멸하는 기적이 일어났다.

에스더는 죽으면 죽으리라 금식하므로 원수들을 물리치고 부림절의 기념일이 생겼다.

3. 너무 큰 슬픔이 있을 때에 그 슬픔에 동참하기 위해서 금식하였다.

"그 뼈를 가져다가 야베스 에셀나무아래 장사하고 칠일을 금식하있더니." [삼상 31:13] 길르앗 야베스 사람들은 사울왕과 요나단을 장사지내고 칠일을 금식하였다.

4. 하나님의 사명을 금식으로 시작하였다.

예수님의 복음사역 시작은 40일 금식기도였다. 육신을 가지셨던 주님은 40일 금식으로 육신 자체도 하나님께 제물로 드리셨다.

사도행전 13장에서 안디옥 교회는 바울과 바나바를 선교사로 파송할 때 금식하며 안수하며 보내셨다.

나의 기뻐하는 금식은 흉악의 결박을 풀어주며 멍에의 줄을 끌러주며 압제 당하는 자를 자유케 하며 모든 멍에를 꺾는 것이 아니겠느냐. [사 59:6]

84. 말씀의 능력

태국은 불교가 국교이며 국가 전체가 불교의 지배를 받는 나라이다. 그래서 남자들은 승려의 수행 생활을 의무적으로 한다. 태국에서는 승려가 최상위의 계급이며 최고의 대우를 받는다.

불교의 나라에서 판사의 신분으로 장로님이 되신 분이 있다. 쏭차이 고등법원 부장 판사는 김성곤 선교사가 시무하는 방콕 사당의 교회 장로님이시다. 지금까지 태국에서는 전무후무(前無後無)한 일이다.

그는 중학교 시절 미국 사람에게 직접 영어를 배우고 싶어서 영어를 가르쳐 줄 사람을 찾게 되었다. 그런데 그 사람이 바로 미국 장로교 선교사였다. 선교사로부터 복음을 듣게 된 쏭차이는 신앙 속에서 자라게 되었고 지금은 국왕이 인정하는 법관이 되었다.

태국 나환자 정착촌에서 사역하시는 아폰 목사님이 계신다. 그는 불교대학을 졸업하고 승려가 되었다. 하나님의 특별한 섭리 가운데 그는 영어 공부를 계속하고 싶었다. 그래서 미국인 선교사를 찾아 자신의 의사를 이야기하면서 한 가지 조건을 이야기하였다. 그것은 서로의 종교에 대해서는 이야기하지 않기로 한 것이다.

선교사님은 쾌히 승낙하시고 영어를 가르쳐 주셨다. 그런데 영어 교재는 영어 성경이었다. 아폰은 몇 개월 후에 승려 생활을 청산하고 개종을 하였다. 그리고 선교사들의 협력자가 되어 신학을 꿈꾸게 되었다. 뉴질랜드에서 신학을 하다가 영국에서 다시 신학을 하여 목사가 되었다.

하나님의 말씀의 강물이 흐르는 곳에는 생명의 역사가 나타난다.

85. 말의 열매

말에는 능력이 있다. 사무엘의 말은 한마디도 땅에 떨어지지 않고 다 이루어졌다. 부모의 말은 자녀에게 씨가 된다고 하였다. 어디에서나 긍정적인 말이 부정적인 말보다 얼마나 아름다운가.

그러나 부정적인 말은 하는 사람으로 서로가 불행하기도 하다.

전남 무안군 청계면 도대교회 한 가정의 이야기다. 자식이 없어 양자를 세운 집이 있었다. 그 집에는 고부간의 갈등이 너무나 컸다. 시집살이가 많았던 며느리는 첫딸을 낳았는데, 벙어리였다. 수년 후 며느리는 아들을 낳았는데, 그 아들은 발을 다치어 불구가 되었다. 시어머니는 며느리에게 벙어리를 낳고, 절뚝발이를 낳았으니 소경 하나 낳을 거라고 항상 저주를 하였다. 그런데 어느 날 아들이 다쳐서 실명을 하였다. 할머니의 저주는 그대로 그 가정에 이루어졌고, 결국 할머니도 자살을 하였다. 얼마나 불행한 가정인가.

하나님은 아브라함에게 약속을 하였다. 너를 축복하는 자에게는 내가 복을 내리고 너를 저주하는 자에게는 내가 저주하리니 축복을 빈 사람은 그 축복이 나에게로 돌아온다.

그 사람은 입의 열매로 인하여 복록을 늘리거니와. [잠 13:2]
그 사람은 입에서 나오는 열매로 하여 배가 부르게 되나니 곧 그 입술에서 나는 것으로 하여 만족하게 되느니라. [잠 18:20]

하나님은 말씀으로 천지 만물을 지으셨다. 그리고 사람의 말에도 능력을 주시었다. 우리의 말에는 하나님의 능력이 함께 하시기 때문이다.

III. 기타 일화

86. 일본은 망한다.

세계 2차 대전 때 팔레스틴에 상륙한 영국의 사령관은 터키군과 대치를 하고 있었다. 영국의 사령관은 터키군에게 총을 겨눈 것 보다 예루살렘에 총을 겨눌 것을 더 고민하고 있었다. 역사 이래 예루살렘을 침략한 나라는 모두 멸망했기 때문이다. 영국의 사령관은 삼일을 기다리고 있는데 기적이 일어났다. 터키 군대 스스로 퇴각을 하였다. 그래서 영국 군대는 총을 거꾸로 메고 예루살렘에 무혈입성을 하였다.

인류 역사상 하나님을 대적한 나라가 수없이 많지만 일본만큼 하나님을 대적하고 있는 나라가 드물다. 일본은 두 가지 이유로 멸망할 수밖에 없다.

첫째, 국기다.

흔히 일본의 국기를 일장기라고 부른데 일본의 국기의 상징이 무엇인가. 태양도 아니요, 뱀의 눈이다. 뱀의 눈이 국가의 상징이요 국민의 영혼이 되어 버린 나라가 어찌 멸망하지 않겠는가.

반대로 유럽의 국가들은 대부분 십자가가 들어가 있다. 독일과 영국은 나라의 국가도 찬송의 성가를 사용한다. 하나님을 찬양하는 나라, 십자가의 국기를 가진 나라를 어찌 하나님이 어찌 축복하지 않겠는가.

둘째, 일본 왕의 호칭이다.

세계 역사상 땅 위의 왕을 하늘의 왕이라고 부른 하나님의 권위에 도전한 나라다. 히로시마와 나가사키의 원폭투하로 1945년 8월 15일 천왕은 친히 항복 선언문을 읽었고 맥아더 사령관에게 항복을 하였다. 맥아더 사령관은 나는 신에게 항복을 받을 수 없다고 할때에 천왕은 나는 신이 아니요 사람이라고 고백하였다.

구소련 시절에 전 세계는 소련과 일본을 가장 두려워했다. 소련의 침략전쟁은 가는 곳마다 피를 물들였고 일본의 경제 침략을 나라마다 기업이 도산하였다.

개인이나 민족이나 국가나 하나님을 대적할 때 하나님은 반드시 심판 하신다.

87. 논개의 충성

진주의 상징이라면 남강과 촉석루, 논개를 꼽을 수 있다. 촉석루에는 논개의 사당이 있으며 촉석루 앞에는 논개의 시비가 있다.

거룩한 분노는 종교보다 깊고 불타는 정열은 사랑보다 강하다 아! 강낭콩 꽃보다도 더 푸른 그 물결 위에 양귀비 꽃 보다도 더 붉은 그 마음 흘러라.

번영로 교수는 논개의 충성심을 이렇게 찬양하였다. 논개는 전북 장수 출신으로서 진주성을 지킨 김사민 장군의 애첩이었다. (일설에는 최경회 절도사의 첩) 장군이 전사하자 장군의 원수를 갚기 위하여 스스로 관기가 되었고 열 손가락에 가락지를 끼고서 적장을 안고 남강에 뛰어 들었다.

논개가 강물로 뛰어든 바위는 의로운 바위라하여 의법이라고 부른다. 결과론적으로는 구국 충절의 길이 되었지만, 논개가 적장과 함께 죽은 것은 분명히 남편의 원수에게 복수한 것이었다.

자신의 생명까지 초개와 같이 버리며 적장을 죽인 것은 분명히 우리에게 큰 귀감이 되는 이야기다.

땅 위에서 적장 한 사람을 죽인 것도 기념하기 위하여 사당을 지었다. 우리가 하나님의 나라를 위해서 충성한 것을 그 축복은 영원, 영원하다. "죽도록 충성하라 그리하면 생명의 면류관을 주리니."

88. 파수꾼이여 깨어라.

　1968년은 한반도 정서가 국제적으로 매우 어두운 시기였다. 미국 잠수함 프에 블로호가 원산 앞바다에서 남북되었고, 1월 21일은 북한에서 청와대를 폭파하려 고 21명의 공비를 남파시켰다.

　그러나 나무꾼 한 사람의 지혜로 국가의 위기가 지나갔다. 산에서 공비들은 만난 나무꾼은 순간적으로 지혜가 떠올랐다.

　"동무들, 남쪽에서는 이 땅을 해방시켜 줄 동무들을 기다리고 있었습니다. 동무들, 반갑습니다. 동무들, 제가 내려가서 먹을 것을 가지고 오겠습니다. 기다리십시오. 공비들은 이때 심각한 고민에 빠졌다. 나무꾼을 믿을 것인지 아니면 죽을 것인지 의논을 하다 나무꾼을 믿기로 하였다. 공비들이 나무꾼에게 속은 것을 알았을 때는 이미 나무꾼은 간첩 신고를 한 뒤였다.

　그런데 경찰들이 어이없는 실수를 하였다. 국군 군복을 입은 공비들이 경찰 검문에서 '방첩대(지금의 보안대)가 경찰의 조사를 받을 수 있습니까?' 라고 하자 공비들을 그냥 보내줘 공비들이 서울 근교까지 잠입을 하였다.

공비들은 서울 가까이 잠입을 하여 또 한 번 혼란을 겪었다. 실물 크기의 청와대를 만들어 놓고 훈련을 받았던 그들은 서울에 차가 이렇게 많을 것을 몰랐다. 수많은 차들을 보고 자신들을 잡으러 오는 것인 줄 알았다고 한다.

마침내 공비들은 소탕되었고 김신조 한 사람만 생포되었다. 한국에서 조사를 받은 김신조씨는 놀라운 사실을 이야기했다. 중부 전선으로 침투하여 오다가 서울이 멀어서 되돌아가 서부 전선으로 다시 들어왔다는 것이었다. 중부 전선은 비상이 걸렸고 군부대마다 휴전선 철조망이 이상이 없다고 보고하였다. 헬기를 타고 직접 중부 전선에 나타난 김신조씨는 자신들이 절단한 휴전선 철조망을 열어서 보여 주었다.

김신조 씨와 한 고향인 김만철 씨가 따뜻한 남쪽 나라고 찾아와 놀라운 이야기를 또 한가지 하였다. 1.21사태에 공비들 세 사람이 이북으로 돌아갔다는 것이었다. 한 사람이 중상을 입어, 두 사람이 그를 데리고 북쪽으로 돌아갔다고 했다.

김신조씨는 예수를 잘 믿는 여자와 사귀어 신앙을 갖게 되었고 지금은 목사님이 되었다. 우리는 이 시대의 영적인 파수꾼이다. 내 가정에, 내 교회에 도적이 들어오는 것을 지키고 있는가. 깨어 있는가.

89. 경주최씨의 교훈

　우리나라에 큰 부자들은 대부분이 재산을 삼대까지 지키지 못하였다. 예부터 양반 재산이 오래가지 못한다고 하였다. 공짜로 얻은 재산이 축복일 수가 없고 오래갈 수 없다는 이야기다. 그런데 길쌈으로 모은 재산은 삼대를 지킨다고 하였다. 그것은 수고하여 모은 재산만이 자손이 상속할 수 있다는 이야기다.

　경주 최씨는 만석궁의 재산을 300년 (13대) 지킨 우리나라에서 전무후무한 가문이다. 재산을 100년 지키기가 힘든데, 어떻게 300년 13대 이상 재산을 지길 수 있었는가? 사람은 심은 대로 거두는 진리는 영원하다.

　만석궁의 재산을 일군 최씨 할아버지는 몇 가지의 유언을 남겼다. 첫째 흉년에는 절대로 토지를 사지 말 것. 옛날에 흉년에 가난한 사람들의 재산은 거의 헐값으로 부자들의 손에 넘어갔다. 둘째 만석궁 이상의 재산을 가지지 말 것. 재산은 무한대로 가진 것은 오히려 위험하다. 만석궁 이상의 재산은 모든 사람에게 나누어 주라. 셋째 진자 이상의 벼슬은 하지 말 것.

큰 벼슬을 하면 언젠가 당파에서 역적이 될 수가 있고 전 재산을 몰수당할 수 있다. 재산을 지키려면 큰 벼슬로 나가지 말라.

최씨 할아버지의 유언은 300년을 이어오면서 최씨 자손들에게 계속 재산이 나누어졌고, 종갓집은 만 석궁 재산을 300년 동안 지켜왔다. 300년 동안 그들은 가난한 이웃을 배려하고 선한 삶을 살아 왔기에 그들의 재산은 자손 대대로 지킬 수 있었다.

오늘날 대기업의 문어발식 경영은 한번 돌이켜 봐야 할 것이다. 물질이 모는 사람의 공유가 되지 못하면 가장 무서운 죄악이 되고 사회가 병들어 간다. 러시아 시대에 부자들이 가난한 자들을 외면한 공산당이 그 재산을 몰수하여 갔다.

너는 네 식물을 물위에 던지라 여러 날 후에 도로 찾으리라 일급에게 나 여덟에게 나 눠 줄지니라 무슨 재앙이 땅에 임하는지 네가 알지 못함이니라. [전 12:1]

90. 분명한 나팔을 불라.

조선 선조 때, 병조판서 이율곡은 십만양병설을 주장하였다. 1590년 3월에 선조는 황윤길, 김성일, 허성을 통신 사절단으로 보내 일본의 사정을 알아보게 하였다.

정사 황윤길을 풍신수길(도요토미 히데요시)의 눈에는 광채가 있고 담력과 지략이 있어 보였다고 보고하였다. 그러나 부사 김성일은 풍신수길의 눈은 쥐의 눈과 같아서 큰일을 벌이지 못할 위인으로 보였다고 보고하였다. 김성일의 말 한마디가 임진왜란의 화가 되었다. 만주에서 일어난 청태조 누루하치는 봉천에 나라를 세웠다. 청태조가 명나라를 쳐부수고 중국을 다스릴 때 강홍립이 누루하치 밑에 있었다. 강홍립에게 한윤이 찾아와 인조가 광해군을 내쫓고 강원수의 처자와 형제를 모두 죽였다고 거짓말을 하였다. 한윤의 거짓말 한마디가 인조 임금이 남한산성에서 청태종에게 무릎을 꿇는 국치를 불러왔다.

2차 대전 때, 일본을 해상 봉쇄한 미국은 일본에게 계속 항복을 권유하고 있었다. 항복하지 않으면 엄청난 폭탄을 투하하겠다고 위협했다. 일본 어전 회의에서 의논을 하다가 결론을 내리지 못하고 미국의 통역관에게 고려해 보겠다는 뜻을 전했다. 그러나 통역관의 실수로 "묵살해 버렸다"고 보고되면서 미국은 일본에 원자폭탄을 투하하게 되었다.

옛날이나 지금이나 말 한마디가 역사를 뒤바꿔 비렸다. 말 한마디가 개인의 운명을 뒤 바꿔 버릴 때가 얼마나 많은가.

사도 바울은 고린도 교회에 분명한 나팔을 불라고 말씀하였다. 나팔이 분명하지 않으면 누가 전쟁을 준비할까. 나팔은 전쟁의 준비다.

91. 남자

희랍의 철학자 소크라테스는 고대 철학의 아버지이시다. 그는 가난하여 먹을 것이 없어도 먹을 것을 염려한 적이 없었다. 날마다 제자들을 모아 놓고 가르치는 일에만 전념하고 있었다.

가난 속에서 가장 고통받은 사람들은 여자들이다. 끼니도 해결못하는데 제자들을 가르치고 있다. 남편에게 언제나 불평, 불만이 가득하였다. 그의 아내는 철학이 무엇인지 몰라도 오직 배가 부른 것이 소원이었다.

어느 날 소크라테스가 제자들을 가르치고 있는데 아내의 분노가 폭발하였다. 마당에서 큰 소리를 치던 아내는 문을 열고 쪽박에 물을 담아서 방안으로 물을 끼얹었다. 이 때에 소크라테스가 남긴 명언이 있다. "퇴성 소리가 들리더니 소나기가 오는구나!"

제자들이 소크라테스에게 질문을 하였다. "선생님, 결혼을 해야 합니까?" 소크라테스는 대답하기를 "결혼을 하라. 결혼을 하면 철학자가 된다." 이 세상 사람들은 소크라테스의 아내를 세계 삼대 악처 중의 한 사람이라고 악평을 하고 있다. 욥의 아내는 악처라고 평가를 해도 소크라테스의 아내는 악처의 명단에서 재고해 봐야하지 않을까?

요사이 여인들 중에서 소크라테스의 아내와 같은 사람이 절반을 넘을 것 같다 무능한 남편이 가정에서 버림받고 노숙자의 신세로 전락한 사람이 얼마인가.

중국 사람들은 남(男)자 라는 말을 남자는 밭(田)을 일구는 힘(力)이 있어야 남자라 했다. 밭(田)은 열(十) 사람의 입(口)이라는 뜻이다. 다시 말해 남자는 한 가정을 부양할 능력이 있어야 남자라는 것이다.

오늘날도 중동의 남자들은 여자의 몸값을 지불하지 못하면 결혼을 할 수 없다. 여자의 몸값을 지불하여 자기 아내를 삼은 것이 진정한 아내다. 그리고 이것이 십자가의 비밀이다. 주님은 자신의 피 값을 주시고 교회를 사셨다. 이제 우리는 그리스도의 몸이 되었다.

92. 이기심

전라남도 해남군 황산면의 한씨 가정에서 부자지간의 이야기다.

한씨 어르신은 일찍 부인을 잃고 두 번째 아내를 맞이하였다. 당시 조혼을 하던 시절에 아들도 갓 스무 살이 지나고 결혼을 하였다.

산아 제한도 하지 않았던 시절 자식을 계속 낳을 때였다. 한 집에서 시어머니도 계속 아이를 낳고 며느리도 아이를 낳았다. 그런데 시어머니는 계속 아들을 낳고 며느리는 줄줄이 딸을 낳는다. 아들은 아내가 딸만 낳는 것이 몹시도 섭섭하였다.

어느 날 부자지간에 시장을 다녀오면서 아버지는 아들에게 자랑을 하였다. "너희 어머니는 또 아들 낳았다. 너희 어머니는 또 아들을 낳았어!" 한 집에서 서로 자식을 낳고 사는데 아버지가 아들에게 자랑을 하니 아들은 너무 화가 났다. 그래서 그 화풀이를 죄 없는 아내에게 하였다. 그러자 그 부인이 필자를 찾아와 "목사님, 시아버지 자랑 때문에 제가 시집살이를 단단히 했습니다."하고 하소연을 하였다.

옛날 부자지간에 짚신 장사가 있었다. 똑같은 짚으로 신을 만드는데 아버지의 짚신이 더 깨끗하고 더 잘 팔렸다. 아들은 아무리 짚신을 열심히 만들어 보아도 아버지의 실력에 미치지를 못했다.

아버지가 운명을 하면서, 아들에게 유언을 하였다. 가느다란 목소리로 "털" 하면서 말끝을 흐리며 숨을 거두었다. 짚신을 만들 때에 잔털을 일일이 손질을 하라는 말이었다. 아버지는 자신의 짚신 노하우를 살아생전 아들에게 전수해 주지 않았다.

부자지간에도 담이 있고 이기주의가 있는데 우리나라에는 지역주의 이기심이 너무 깊다. 하나님의 일 생명을 구원하는 일에도 이기심이 너무 많다. 복음은 윤리와 도덕이 사라져 가고 있다. 우리 성도에게는 윤리 도덕보다 앞선 것이 양심이다. 이기심이 깊어 가면 양심도 죽어질 수 밖에 없다.

믿음과 착한 양심을 가지라 어떤 이들이 이 양심을 버렸고 그 믿음에 관하여는 파선하였느니라. [딤전 1:9]

93. 버력

1960-1970년대 우리나라 화력의 대부분은 무연탄이었다. 호주 같은 나라에서는 노천 탄광에서 포크레인을 이용해서, 엄청난 석탄을 파서 그냥 트럭에 실어 담았다. 그러나 우리나라는 새로운 탄맥을 개발할 때면 지질학자들이 충분한 연구와 검토를 통해 몇 미터 깊이에 몇 톤의 탄이 매장되어 있는가를 발표하였다.

광산업자는 새로운 탄맥을 찾아 땅을 파 들어가는데 탄맥을 찾기까지 파내 버리는 것을 '버력'이라고 한다.

영세업자들은 사돈에 팔촌까지 자금줄을 동원해 가면서 질 좋은 연탄을 캐내기도 전에 부도를 맞은 사람이 많다. 돈줄은 바닥이 나고 버력은 산을 이루고 있는데 연탄이 나오지 않을 때 피가 마른다. 그러다가 질 좋은 연탄이 쏟아지면 서울 연탄 공장들에서 계약을 하러 달려와 하루아침에 큰 부자가 된다.

태백에서 자금줄에 지친 한 업자는 수많은 빚을 지고 다른 업자에게 탄광을 넘겨 버렸다. 공중까지 해 주었다. 새로 탄광을 그냥 인수한 사람이 그날로 석탄이 쏟아져 나왔다. 두 사람의 희비가 교차 되었다. 공중까지 해 주어 탄광을 넘겨 버렸는데 그에게는 돌아올 것이 없었다. 그의 몫은 빚더미에 앉은 친척들의 원망과 탄식뿐이었다.

일생의 삶에도 노력하는 버력이 있어야 한다. 승리의 월계관을 쓴 선수에게는 수많은 땀방울이 있다. 어느 부분에서든지 인생의 성공자는 자신이 바친 각고의 노력이 있다.

기도하는 성도들도 하나님을 만나기까지 수많은 연단과 땀이 있다. 버력은 무가치한 것이 아니다. 버력이 있었기에 질 좋은 탄을 찾을 수 있고 그 기쁨이 있다.

94. 관음송

영월 청령포는 단종의 유배지로 유명하다. 금부도사 왕방연은 어린 임금을 유배시키고 슬픔의 시 한 구절을 남겼다.

천 만 리 머나먼 길에 고운 님 여의옵고 내 마음 둘 데 없어 냇가에 앉았으니 저 물도 내 안에 같아야 울어 밤길 예놋다.

나이 17세에 숙부의 손에 죽음을 당한 단종의 한이 어린 곳이다. 청령포에는 지금도 송림이 유명하다. 단종의 처소 주위의 소나무들이 한 바퀴 모두 고개를 숙이고 있다. 그래서 사람들은 단종을 하늘이 내린 왕이라고 한다.

한편에 수령 600년이 넘은 큰 소나무를 관음송이라고 부른다. 관음송은 높이 30m, 밑 둘레가 6m가 넘는 거목이다. 단종 유배시에 수령 백년이 넘은 고목이어서 단종의 슬픔을 보았고 들었다고 하여 관음송이라고 소나무 이름을 붙였다.

죽음을 당한 단종의 시신은 강물에 떠내려가다가 멈추었다. 날마다 어린 임금의 시신을 지켜보던 엄홍도는 한밤중 시신을 지게에 짊어지고 가매장을 하였다. 하늘이 도왔는지, 노루 한 마리가 누워있던 자리에 눈이 녹아 있어 땅을 쉽게 팔수가 있었다. 이 때에 엄홍도의 아들 임신은 군사들의 칼에 한쪽 눈을 잃었다. 후에 역사가 뒤바뀌어 단종은 노산군에서 단종으로 복원이 되었고 엄홍도는 역사에 길이 남은 충신이 되었다. 그리고 단종은 장릉에 모시었고 영월은 충절의 고장이 되었다.

예루살렘 겟세마네 동산에도 수령 200년이 넘은 감람나무 몇 그루가 있다. 겟세마네 동산의 감람나무들은 예수님의 통곡소리를 들었고 보았을 것이다.

자연도 하나님의 증인이 되어 있는데 하늘의 천군 천사들이 우리의 증인이시다.

95. 대나무의 기다림

　어렸을 때에 고향의 산들은 아름드리 소나무로 모두 가득했다. 그때 수입 목은 적었고 소나무가 건축 자재의 주류를 이루고 있었다. 그런데 태풍이 한 번씩 지나고 나면 수십 년을 자란 거목들이 힘없이 쓰러졌다. 태풍이 지날 때마다 쓰러진 나무의 벌채가 시작되었다.

　소나무는 수십 년을 자라야 거목이 되지만 대나무는 1년에 모두 자란다. 대나무는 수명이 10여 년 밖에 되지 않는다. 그러나 그곳에는 더 많은 죽순이 돋아나고 더 큰 대숲을 이룬다. 대나무를 옮겨 심으면 5년 동안 죽순이 나오지 않는다. 5년 동안 뿌리를 뻗치고 나서 죽순이 돋아나기 시작한다. 5년이 지나서 얼마 지나지 않으면 대숲을 이룬다. 대나무 묘목을 옮기면 5년 동안은 무조건 기다려야 한다. 앞으로 든든한 숲이 이루기 위하여 5년 동안을 준비하는 것이다.

　성령의 열매 중 인내는 네 번째 열매다. 인내한 사람은 온유할 수가 있다. 사도 바울은 "우리가 선을 행하되 낙심하지 말지니 피곤하지 아니하면 때가 이르매 거두리라" [갈 6:9] 믿음은 인내요 기도도 인내에서 승리할 수 있다. 사울 왕의 실패는 사무엘을 기다리는 인내에서 제일 먼저 실패했다.

그러므로 형제들아 주의 강림하시기까지 길이 참으라 보라 농부가 땅 에서 나는 귀한 열매를 바라고 길이 참아 이른 비와 늦은 비를 기다리나니 너희 도 길이 참고 마음을 크게 하라 주의 강림이 가까우니라 [약 5:7-8]
보라 인내하는 자를 우리가 복되다 하나니 너희가 욥의 인내를 들었고 주께서 주신 결말을 보았거니와 주는 가장 자비하시고 긍휼이 여기는 자시니라 [약 5:11]

96. 참나무

　참이라는 말은 진짜라는 말이다. 참나무는 진목(치)이라는 것이다. 참나무 과에는 여러 종류의 나무가 있다. 신갈나무는 그 잎이 크고 질기다. 옛날 가난한 시절 짚신이 다 닳으면 신갈나무 잎 몇 장을 신발 깔창으로 사용하였다. 그래서 신갈나무라 한다. 떡갈나무는 떡을 싼 나무라는 뜻이다. 옛날에 떡갈나무 잎으로 떡을 쌌는데, 오늘날 과학적으로 떡갈나무 잎에는 항균제가 있는 것이 밝혀졌다. 우리 조상들의 지혜가 놀랍기만 하다.

　참나무 과의 으뜸은 상수리나무다. 열매도 가장 예쁘고 맛있다. 상수리나무의 상수리는 옛날 도토리묵이 임금임 수라상에 올라간 나무라고 하여 상수리나무라고 부르게 되었다.

　이 세상에는 거짓이 많고 가짜가 너무 많다. 이솝이 어느 날 목욕탕에 다녀왔다. 주인이 목욕탕에 손님이 얼마나 많은가 물었다. 이솝은 두 사람 밖에 없다고 대답을 하였다. 주인은 목욕탕이 한가하다 생각하고 들어갔는데 손님이 가득하였다. 집에 돌아온 주인은 이솝을 꾸짖었다. 그런데 이솝은 사람다운 사람은 두 사람밖에 없었다고 하였다.

오늘날 교회 안에도 참 목자와 참 성도는 얼마나 될까? 사도 바울은 디모데에게 '오직 너 하나님의 사람'이라고 불렀다. 디모데 너만큼은 하나님의 사람 중에 하나님의 사람, 목자 중의 목자라는 것이다. 교회는 목자가 없고 목자에겐 교회가 없다고 한다. 십자가 지러 오신 우리 주님은 죄인을 부르러 오셨지만 재림의 주님은 의인을 부르러 오신다. 노아의 홍수 때. 소돔 고모라 때 하나님의 심판 때마다 하나님께서는 의인을 찾으셨다.

97. 한라산

　대한민국의 삼대 명산 중의 하나인 한라산은 남한에서 제일 높은 1,955m의 명산이다. 한라산은 대한민국의 국보라고도 할 수 있으며 수문 장과 같은 산이다.

　첫째, 한라산은 대한민국 최고 식물의 보고이다. 아열대에서 온대성까 지 수천 가지의 식물이 자라며 수백 만 평의 철쭉은 대한민국 제일의 화원 이다. 해발 1000m 부터 백록담까지의 철쭉은 한 달간 천하의 장관을 이룬 다. 한라산의 철쭉은 세계적으로 유명한 화원이다.

　둘째, 한라산은 남한 최고의 관광자원이다. 동양 심경이라고 하는 일출 봉 분화구와 함께 약 10평의 백록담의 분화구는 하나님이 빚어놓은 걸작품 이다.

　북한의 백두산 천지와 함께 담수 못으로 남북에서는 두 물의 물을 민족의 하나 되는 의미로 합수할 때가 있다. 한라산의 생수는 전 세계적으로 그 물맛을 인정받고 있다.

셋째, 한라산은 나라를 지켜주는 수호신과 같은 수문장이다. 우리나라에 매년 태풍의 피해가 천문학적이다. 대형 태풍이 한 번씩 지나가면 복구하는데 몇 년이 걸리고 이재민들의 고통은 말로 다 할 수 없다.

이때 한라산은 든든히 서서 태풍을 가로막는다. 한라산 때문에 태풍의 진로가 일본으로 방향을 바꾸는 경우가 많다고 한다. 그래서 일본 사람들이 제일 싫어하는 산이 한라산이란다. 한라산 때문에 태풍의 피해가 일본으로 돌아가기 때문이다. 한라산은 우리나라를 지켜주는 명산이다.

98. 급소

사람의 몸에는 약 360개의 혈이 있다. 그 혈을 급소라고 한다. 그 혈을
잘 다스려야 피로 도 풀리고 건강에도 좋다. 반대로 급소의 혈을 잘못 다루
면 생명을 잃을 수도 있다.

급소는 사람에게만 있는 것이 아니라 짐승들에게도 있다. 뱀은 목이 급
소이기 때문에 천적인 족제비는 한순간에 뱀의 목덜미를 물어 승부를 결정
짓는다. 돼지는 콧잔등이 급소라서 아무리 큰 멧돼지라도 콧잔등을 공격하
면 쓰러진다. 바다와 육지에서 제일 큰 고래는 꼬리가 급소이다. 꼬리를 움
직이지 못하면 죽을 수밖에 없다.

짐승 중에 협동심을 자랑하는 최고의 사냥꾼인 늑대에게도 약점이 있다.
인디언들이 사냥할 때 칼끝에 피를 묻혀 얼게 한 뒤 칼끝을 세워서 땅에 묻
어두면 피 맛을 가장 좋아하는 늑대들은 칼끝의 얼음 피를 핥기 시작한다.
계속 얼음 피를 핥다가 혀는 마비되고 칼날에 혀가 갈기갈기 찢겨져 늑대
들은 결국 죽게 된다.

반대로 다람쥐는 호기심이 많아 스스로 올무를 몸에 감다가 붙잡힌다. 밍크 종류의 짐승들은 자신의 털을 최고로 귀하게 여긴다. 그래서 사냥꾼들이 몸 주위에 더러운 오물들을 묻혀 놓은 좁은 길에 덫을 놓으면 털을 더럽히지 않으려고 죽음을 택한다.

짐승 중에 절대 강자란 없다. 백수의 왕 사자도 고슴도치의 가시 하나에 생명을 잃는다. 그렇다면, 인간의 가장 큰 약점은 무엇인가? 인간은 왜 타락했으며 무너졌는가? 그것은 교만 때문이다. 다윗은 교만 때문에 더 큰 심판을 받았고 모든 열왕이 교만 때문에 모두 무너졌다. 겸손은 존귀의 앞잡이요 교만은 패망의 선봉이니라.

99. 망운

　망운(望雲)은 구름을 바라본다는 뜻이다. 땅 위에서 구름을 바라보는 것이 아니라 하늘에서 구름을 바라보는 것이다. 전라남도 무안군 망운면 피서리에 2007년 11월 8일 망운 국제 비행장이 개항하는 날이다. 우리 조상들의 선견지명일까? 망운이라고 부르니 실제로 구름을 바라보게 되었을까.

　일찍이 일본은 이곳에 이미 비행기 활주로를 만들었고 전투기를 배치해 지금도 일제 강점기에 만든 격납고가 여러 개가 있다. 주위에는 높은 산이 없고 비행장으로 최상의 조건을 갖추고 있다.

　필자는 망운 비행장 가까운데서 수년 동안 목회를 하여 이곳이 너무나 익숙한 장소다. 바다 간척지에 대형 골프장이 세워졌고 큰 호수가 있다. 이곳에는 피서리 해수욕장과 아름다운 송림이 있다. 아쉬운 것은 이북에서 6·25 때에 피난 온 피서리 마을이 활주로가 되어서 그들은 두 번째로 삶의 터전을 떠나야 했다. 망운이라는 말을 신앙적인 용어다. 부활하신 주님이 구름을 타고 승천하시었기 때문이다. 주님이 다시 오실 때도 구름타고 오실 것이다. 성경의 구름은 하나님의 영광의 상징이었다. 하나님이 성막에 임재하실 때마다 구름이 가득했고 솔로몬의 성전 낙성식 때에 구름이 가득하였다.

구름은 성령의 임재 하나님의 임재의 상징이시다. 변화산의 주님도 구름이 가리웠다. 오늘 하나님의 교회는 영광의 구름이 가득해야 한다. 우리는 영광의 구름을 바라보아야 한다. 우리의 삶이 날마다 성령의 구름으로 충만하며 성령의 구름을 바라보자.

100. 지명

세계 어느 곳이든지 들의 이름이 있고 강의 이름, 산의 이름이 있다. 그 지명을 누가 지었는지 어떻게 지었는지 몰라도 그 중에 재미있는 일화들이 많이 있다.

첫째로 역사적 사건이 지명이 된 케이스. 야곱은 꿈에 하나님을 만나고 그곳을 하나님의 집, 벧엘이라고 불렀다. 이스라엘 은 요단을 건너 할례를 행하고 애굽의 부끄러운 수치를 굴러버렸다고 길갈이라고 불렀다.

전남 고흥군 나라도는 옛날 제주도가 너무 멀어 이곳에서 말을 키워 나라섬(國島)이라고 부른 것이 나라도가 되었다. 영광 법성포는 백제의 첫 불교가 들어오는 지역으로 신령한 빛이 들어왔다고 영광이라고 불렀고, 법성포는 성인이 법을 가지고 왔다고 법성포가 되었다. 서울 과천이나 말죽거리는 옛날 모두 말들과 인연이 있는 특별한 지역이다.

둘째로 그 지역의 특성에 따른 지명이 된 케이스. 우리나라에는 '온'자가 들어가는 지역에는 거의 온천이 있고 '금(金)'자가 들어가는 지역에는 금광이 있다. 소흑산도를 가거도라고 부른데 아무리 낙도라고 해도 사람이 가히 살 수 있다고 가거도라고 부른다.

우리나라에서 해남의 땅끝을 모르는 사람이 없다. 땅끝은 그야말로 한 폭의 그림이라 할 수 있게 아름다운 지역이다.

해남 보길도로 가는 뱃길에서 선원이 들려준 이야기다. 땅끝은 지말(地末)이지 토말(土末)이 아니라는 것이다. 옛날에 이조시대 '지말비'를 세울 때 농부가 비를 짊어지고 와서 비를 내리다 떨어져 비석 한 쪽이 떨어져 나가 토말이 되었다는 것이다. 한번 생각해 볼만한 이야기였다.

셋째로 선견지명의 지명들 케이스. 광양제철이 들어선 섬의 이름이 원래 쇠섬인데 진짜 쇠섬이 되었다. 청주 비행장 비행기가 이륙한 곳이 비상리요 비행기가 하강하기 시작한 곳이 비하리다. 그 지명대로 비상리가 되고 비하리가 되었다.

전남 무안 청계 도대리 앞바다에 심 이름이 미(米)섬 쌀섬이다. 그 지역 사람들은 왜 바다 가운데 섬을 쌀섬으로 부른지 연유를 몰랐다. 그런데 지금은 미섬을 중심으로 간척이 되어서 실제로 미섬이 되었다는 것이다.

도대리 바닷가 산 이름이 성적금이다. 금을 쌓아놓은 산인데 그 산이 실제로 금을 쌓은 산이 되었다. 간척할 때 1200m 방조제의 골재를 채취하였고 무안 목포 국도 4차선 공사에 골재가 100% 그곳에서 나와 성적금은 금값이 되었다.

101. 표준

옛날 한 동네에 모든 사람이 애타게 비를 기다리고 있었다. 인제 어디에서 검은 먹구름이 몰려올지 시원한 소나기라도 한 번 내리기를 간절히 기다렸다. 소나기는 황소 등을 다툰다고 할 정도로 국지성으로 내린다. 그래서 검은 구름이 몰려오면 오늘 비가 올 것인가 안 올 것인가 종종 내기를 하였다. 이때 비가 왔느냐 안 왔느냐의 표준은 창호지를 땅에 깔고 창호지가 다 젖으면 비가 온 것으로 판단을 하였다.

서양과 동양의 도량형의 기준이 달랐다. 길이를 잴 때에 동양에서는 자를 사용하였고 서양에서는 미터(m)를 사용하였다. 미터(m)의 표준은 성경의 규빗에서 시작되었다. 그 장이 팔꿈치에서 손가락에 이르고 한 손바닥 넓이가 더한 자. [겔40:5] 그러나 사람마다 팔의 길이가 차이가 있다. 규빗은 오늘날과 같이 정확한 길이는 아니다.

서양에서 힘의 표준은 말 한 마리의 힘이었다. 그래서 마력이라고 한다. 열차 기관차의 마력이 850-1000마력이다. 탱크 한대의 마력이 800마력이다. 그래서 탱크는 시동을 한번 거는데 휘발유 1말이 들어간다. 전 세계의 시계의 표준은 영국 그리니치 천문대에서 시작한다. 우리나라에서는 일찍이 해시계, 물시계를 발명하여 시간을 재었다. 그때 우리나라 시간은 12시간을 표준으로 하여 1시간이 지금의 2시간이었다.

그러면 인생의 삶의 표준은 무엇인가. 인생의 철학이나 학문은 시대 시대마다 바뀌어졌다. 사람에게는 사람이 만든 표준이 없다. 인생의 삶의 표준 지식의 표준은 하나님의 말씀일 뿐이다.

주의 말씀은 내 발에 등이요 내 길에 빛이니이다. [시 119:10]

이스라엘 열왕들의 표준은 다윗이었다. 다윗도 큰 죄를 지었지만 다윗만큼 하나님을 사랑한 사람이 없었기 때문이다. 시편은 다윗의 신앙고백이다.

102. 파나마 운하의 교훈

　수에즈 운하와 파나마 운하의 개통은 전 세계의 해운업계의 큰 변화를 가져왔다. 아시아와 유럽이 가까워졌고 2개월의 시간 절약을 가져왔으며 아시아와 미 동부의 거리도 2개월이라는 시간을 절약할 수 있게 되었다.

　처음 파나마 운하의 공사를 수주한 프랑스는 곤충들과 전쟁에서 실패를 하였다. 수백 명의 노동자들의 침대에 개미 떼들이 너무 몰려왔다. 그래서 생각한 것이 침대의 네 기둥에 물그릇을 설치하여 개미의 침입을 막을 수 있었다.

　그런데 갑자기 말라리아의 모기가 창궐해졌고 말라리아로 죽어간 노동자가 수백 명이 되었다. 여우를 피하다가 호랑이를 만났다고 하는데 개미와의 싸움 때문에 말라리아가 들끓게 되었다. 인적 손실이 너무나 커서 프랑스는 국운을 걸고 수주한 대공사를 중간에 포기하여 버렸다.

　파나마 운하의 공사를 맡게 된 미국은 제일 먼저 방역 작업을 철저히 하였다. 그다음 말라리아가 왜 갑자기 들끓게 되었는지 원인을 조사하였다. 그런데 다름 아닌 침대 기둥에 설치한 물그릇이 말라리아모기의 서식지였다. 미국에서는 개미의 고통은 감수하기로 하고 침대 밑 물그릇은 모두 치웠다. 그 이후 미국에서는 말라리아로 희생된 사람은 아무도 없었다. 프랑스의 실패는 말라리아와의 싸움에서의 실패이다.

미국은 운하 공사를 두 가지로 하였다. 수만 톤의 배가 통과할 운하를 건설한다는 것은 거의 불가능이었다. 그래서 안으로는 운하를 파고 밖으로는 초대형 댐을 막았다. 댐 물을 이용하여 갑문식 운하를 건설했다. 한 나라의 국운이 달린 초대형 공사에, 프랑스는 모기떼 때문에 실패를 하였고, 그 원인을 알았던 미국은 성공할 수 있었다.

우리의 신앙의 성공과 실패도 큰 사건에서가 아니라 가장 적은 곳에서 일어날 수 있다. 나를 괴롭히는 죄에서 승리할 때 신앙은 승리할 수 있고 인생이 승리할 수 있다.

사랑하는 자여 네 영혼이 잘 됨 같이 네가 범사에 잘 되고 강건하기를 내가 간구하노라. [요한3서 2절]

103. 승두섬의 이야기

우리나라 지명에는 재미있는 의미가 많이 담겨져 있다. 전라남도 신안군의 소흑산도는 섬의 이름이 가거도(可居島)다. 육지에서 너무 멀리 떨어진 고도이지만 그래도 사람이 가히 거할 수 있다고 가거도라고 불렀다. 우리나라에서 지방 중에 유일하게 육지에서 당일에 갈 수 없는 곳이 가거도다.

목포에서 배를 타고 흑산도에서 내리면 흑산도에서 일박을 하고 아침에 국가 행정선을 타고서 가거도로 들어가고, 가거도에서 오후에 출발하면 또 흑산도에서 일박을 해야하는 가장 교통이 힘든 섬이다.

그러나 가거도가 가거도라고 부를 수 있었던 것은 가거도 뒷산이 500m가 넘는 아름다운 숲으로 가득하고 섬 지방에서 유일하게 식수 염려가 없어서 사람이 가히 거할 수 있다고 하였다.

전라남도 여수시에 속해 있는 거문도(巨文島)는 큰 글의 섬이라는 뜻이다. 옛날 중국의 배가 조난을 당하여 중국 사람들이 상륙을 하였는데 지게꾼들이 막대기로 글을 쓴 것을 보고 충격을 받았다고 한다. 중국의 한문은 특권계

급의 문자였지 민간인들은 알지도 쓰지도 못하는 시대였다. 그런데 조선에서는 지게꾼들이 막대기로 글을 쓰는 것을 보고 큰 글 하는 섬이라고 불렀다.

강진과 해남의 중간에 조그마한 무인도 승두 섬이 있다. 승두는 되 승(升) 말 두. 곡식을 되는 되와 말, 즉 곡식을 되는 섬이라는 뜻이다. 섬 면적이 600여 평으로 섬 위에다 밭을 일군다 해도 200여 평이 될까 말까 하는데 왜 이 섬을 승두라고 불렀는지는 아무도 모른다.

그런데 지금 승두섬은 흔적도 없어지고 실제로 곡식을 되는 땅으로 바뀌었다. 강진 신전 앞 바다에 1500만 평의 간척지가 개설되어 지금은 문전 옥답이 되었다. 승두 섬은 사내호의 수문 자리가 되어 옛날 섬이 있었는지조차 모르게 되었다.

우리 조상들의 선견지명일까. 말은 열매를 맺는다고 하였는데 승두섬은 실제로 승두의 땅으로 바꾸어 졌다.

104. 불가능

인간은 창조주 하나님이 아니기에 인간의 영역은 제한되어 있다. 불가능이 없다고 하는 사람은 신의 영역에 도전하는 교만이요 범죄다. 프랑스의 나폴레옹은 나의 사전에는 불가능이 없다고 하면서 알프스를 넘었다. 기원전에 한니발 장군은 이미 알프스를 넘었었다.

나폴레옹은 러시아를 침공하여 모스크바를 점령하였지만 모스크바의 추위에 무릎을 꿇었다. 자연 앞에서 무릎을 꿇는 연약한 사람이 불가능이 없다고 큰 소리 치다가 그는 아프리카 센트 헬레나 섬으로 유배되었다. 그는 그 곳에서 겸손히 오! 나사렛 사람이여, 그대는 사랑으로 세계를 정복했다고 외치었다.

인간은 자연을 다스릴 수 없다. 중국에서 '천년을 기다려 보아라. 황하강이 맑아지는가?'라고 이야기 한다. 황하강은 영원히 맑아질 수 없는 강이다. 지관의 섭리가 허락하지 않기 때문이다.

인간은 창조의 영역에 접근할 수가 없다. 예레미야 선지자는 "구스인이 그 피부를 표범이 그 반점을 변할 수 있느뇨."라고 하였다. [렘 13:23] 흑인의 피부는 하얗게 바뀔 수가 없으며 표범의 반점도 변할 수 없다. 하나님의 창조의 영역은 신성불가침의 영역이다.

하나님의 구원과 심판은 하나님의 주권이다. 에스겔 47장과 요한계시록 22장은 생명수의 강으로 하나님의 구원을 이야기했다. 땅이 회복되고 강이 회복되고 바다가 회복되지만 진펄과 개펄은 소성되지 못하고 소 땅이 될 것이라고 선포하였다. [겔 47:11] 창조의 역사와 구원의 역사는 영원한 하나님의 주권이다.

지금 세계적으로 큰 문제가 되는 것은 체세포 복제이다. 복제된 짐승이 수없이 만들어 지고 있다. 그러나 하나님의 형상으로 지음받은 인간의 복제를 하나님은 허락지 않을 것이다. 인간은 육체가 주인이 아니요, 영혼이 주인이다. 인간의 영혼에는 어떤 과학도 접근할 수 없는 영원한 불가능이다.

105. 제트기류

항공기는 8-10km의 상공에서 비행을 한다. 과학자들은 8km이상의 상공에서 제트기류의 흐름을 알게 되었고 비행기가 제트기류를 타면 그만큼 연료가 절약된다는 것을 알았다.

제트기류를 가장 먼저 이용한 것은 사람이 아니다. 시베리아에서 히말라야를 넘는 재두루미들은 제트기류를 반드시 이용한다. 히말라야의 8,000m이상의 높은 봉 우리가 12개이다. 시베리아에서 인도로 수천 Km의 비행을 하고 온 두루미들이 히말라야의 골짜기에서 휴식을 취한다. 휴식을 취하는 중 제트기류가 흐르면 자신들의 힘은 거의 사용하지 않고 제트기류를 이용해 쉽게 히말라야를 넘는다.

기류를 가장 잘 이용하는 새는 독수리이다. 날마다 먹이 사냥으로 높은 하늘을 나는 독수리는 주로 기류를 이용하여 비행을 하며 사냥감이 보일 때는 최고의 속도로 급하강을 한다.

기러기는 장거리 여행을 할 때, 모든 기러기들이 앞에 날고 있는 동료의 날개바람을 이용하여 30%의 힘을 절약한다. 그래서 기러기들이 선두를 계속 교대하며 단체의 힘을 이용해 장거리 여행을 한다. 미물들이 자연의 힘을 거스르지 않고 얼마나 지혜롭게 이용하고 있는가.

사람들의 지혜도 점점 더 자연의 힘을 의지하며 이용하기를 원한다. 자연의 힘은 하나님의 힘이다. 구약 성경에서 '성령'의 원어는 바람이다. 우리 인생의 삶이 가장 의지하고 힘 있게 살아야 할 바람은 성령의 바람이다.

성령의 바람이 어느 때는 급하고 강한 바람으로, 능력으로 임하지만, 어느 때는 미풍같이 임하며 우리의 심령의 위로자로 찾아오신다.

마가의 다락방에 임한 급하고 강한 태풍 같은 성령의 바람이 우리에게 불어와야 한다. 하나님의 사역은 우리의 힘으로는 아무것도 할 수 없다.

106. 강은 흘러야 한다.

20세기 들어서 세계 각국은 초대형 댐을 건설하기 시작하였다. 수력 발전소를 만들어 전기 생산을 하며 홍수를 조절하였다. 그러나 인위적인 방법이 자연에 얼마나 치명적인 부작용이 나타나는가를 깨닫게 되었다.

미국의 그랜드캐니언 협곡은 400km가 넘는 세계 10대 관광지다. 이곳은 콜로라도 강이 흐르고 있는데 후버 댐을 만들어 강물이 흐르지 않으니 그랜드캐니언 협곡은 모래가 쌓이기 시작하였다. 주 정부에서는 마침내 1년에 한 차례씩 수문을 열어서 모래의 퇴적을 막고 있다. 전력 생산의 손실이 수억 달러지만 자연이 더 소중한 것을 깨달았다.

중국 양쯔강은 세계 4대 강 중의 하나다. 하구는 너무 넓어서 어디가 강인가 바다인가 구별을 할 수 없다. 그래서 물을 길러 짜면 바다이고 싸지 않으면 강이다. 이것을 솔트라인이라고 한다.

양쯔강은 세계 최대의 댐 삼협댐을 건설하고 있다. 지금까지 세계 최대의 댐은 나일강의 아스완 댐이었다. 중국은 부족한 전력을 생산하기 위하여 초대형 댐을 만들었다.

그러나 재앙이 시작되었다. 우선 강물이 썩기 시작하였고 댐 하류 지역은 가뭄으로 땅이 사막화되기 시작하였다. 강물의 흐름을 막으니 기온의 변화로 비가 오지 않고 있다. 수백만 명의 농민들이 농사를 포기하게 되었다. 양쯔강 강물은 서해바다의 염분을 바꾸기 시작한다. 삼협댐이 생긴 이래 강물이 바다로 유입된 것이 3분의 2가 줄었다. 서해바다의 생태계를 염려하고 있다. 우리나라에도 발등의 불이 되고 있다.

강물은 흘러야 한다. 흐르는 강물을 가로막는 것은 자연의 섭리에 역행하는 것이다. 사해바다는 세계에서 유일하게 강물이 흐리지 않는 호수다. 그래서 죽음의 바다가 되었다.

은혜의 강물도 흘러넘쳐야 한다. 여기에 더 큰 은혜가 넘쳐흐른다.

107. 양귀비

서양에는 미의 상징이 비너스라면 동양에서는 미의 상징이 양귀비다. 양귀비는 꽃의 이름이기도 하며, 당나라 현종의 애첩의 이름이기도 하다. 중국에는 백년에 한 번씩 나라를 위태롭게 하는 미인이 태어난다는 전설이 있다. 양귀비를 그토록 사모했던 안록산 장군이 난리를 일으켜 미인 한 사람 때문에 나라가 위태로운 적이 있었기 때문이다.

양귀비가 얼마나 예뻤는지 당나라의 귀부인들이 당대 최고의 미인의 얼굴을 보러 장안으로 몰려들었다. 그래서 양귀비는 수많은 귀부인들에게 가끔 자기의 미모를 자랑했는데 당시 양귀비는 배앓이를 하고 있었다. 그래서 양귀비는 배가 아파 늘 얼굴을 찡그렸는데 그때부터 미인은 얼굴을 찡그린 줄 알고 중국의 여자들이 얼굴을 찡그리는 연습을 했다는 일화가 있다.

양귀비꽃이 미의 상징일 만큼 이 세상에서 가장 아름다운 꽃인가. 양귀비꽃보다 더 아름다운 꽃은 없는가. 그렇지는 않다. 이 세상에 양귀비보다 더 아름다운 꽃이 많이 있다. 그러나 수많은 사람들이 양귀비를 사랑하는 다른 이유가 있다.

첫째 양귀비는 정조의 상징이다. 자기가 자라난 땅에서 다른 땅으로 이식을 하면 양귀비는 죽어 버린다. 대부분 꽃들을 옮기기도 하고 여러 가지 모양으로 가꾸지만 양귀비는 싹이 나서 자라난 땅 이외의 삶을 거절한다. 충신을 두 임금을 섬기지 않았듯 양귀비는 최고의 절개의 상징이다. 둘째, 독특한 개성이다. 양귀비의 꽃 색깔을 헤아릴 수 없이 여러 가지 색상으로 다양하다. 그러나 모든 양귀비의 꽃은 햇빛을 받으면 꽃잎이 반짝인다. 양귀비를 어느 곳에서 숨겨 재배를 해도 수천 미터 상공에서 촬영을 하면 양귀비의 반짝이는 꽃이 사진에 찍힌다.

숨겨서 재배 할 수 없는 꽃. 모든 사람에게 자신을 나타내기 원하는 양귀비는 꽃 중의 꽃이다. 이보다 더 독특한 개성을 가진 꽃은 없기에 많은 사람들이 양귀비를 사랑하고 있다.

108. 세이암

화개장터에 전라도와 경상도를 잇는 섬진강 대교가 세워졌다. 그러나 수백 년 전부터 화개장터는 전라도와 경상도를 잇는 가교였다. 화개장터에서 4km 정도 올라가면 연곡사 계곡의 제일 큰 못 세이암이 있다.

자연을 통해 하나님이 빚은 수백평의 못이다. 인간의 지혜로 인공 방조제를 만들어 더 넓게 못을 넓힌 것이 큰 실수가 되어 버렸다. 토사의 흐름까지 막아버려 못이 거의 다 메워져 가고 있다. 지금이라도 옛날 그대로의 복원을 해야 세이암이 살아남을 수 있을 것 같다.

세이암이라고 부르게 된 연유는 최치원이 귀를 씻은 못이라고 해서 부른 이름이다. 원효대사는 나에게 큰 도끼를 주면은 하늘을 바칠 수 있는 기둥을 만들겠다고 하였다. 과부가 된 요석공주는 원효대사를 짝사랑하다 원효대사의 사랑을 받아서 최치원을 낳았다.

대학자 최치원도 세상을 등지고 지리산으로 들어와 세이암에서 귀를 씻었다. 오늘 이 세상에서 귀를 씻고 싶은 사람이 어찌 최치원뿐이겠는가. 문제는 우리의 귀를 물로 씻는다고 깨끗하게 씻어질 수가 있겠는가.

1950-60년대 한국의 최고의 부흥사라고 하는 이성봉 목사님은 다른 사람을 비방하는 소리를 들을 때 그 자리에서 무릎을 꿇고 회개를 하였다.

"주님 듣지 않아야 할 소리를 들어서 마음속에 범죄하였나이다." 이성봉 목사님은 삶이 복음이었다. 그래서 문중경 전도사, 최자실 목사님이 이성봉 목사님의 믿음의 열매다.

우리의 귀를 씻고 입술을 정케 할 못은 물과 피와 성령일 뿐이다.

맑은 물로 너희에게 뿌려서 너희로 정결케 하되 [겔 36:25]

그 날에 죄와 더러움을 씻는 샘이 다윗의 족속과 예루살렘 거인을 위하여 열리리라 [슥 13:1]

109. JVC

JVC는 일본의 유명한 음향기기의 이름이다. 그런데 음향기기의 심벌마크가 충견이다. 어떻게 유명한 오디오 회사의 심벌마크가 '개'가 될 수 있었을까?

JVC는 JAPAN VICTOR CORP의 약자이다. VICTOR는 원래 미국의 축음기 회사였으며 일본에서 인수 합병하여 오늘의 JVC 회사가 되었다. 미국의 VICTOR 사장에게는 생명을 바친 충견이 있었다. 사장이 죽자 애견은 주인의 무덤을 절대로 떠나지 않고 먹이를 줘도 먹지 않았다. 가족들은 모두 안타까운 마음이 들어 개에게 먹이를 먹이려 했지만 개는 먹지 않았다.

가족들은 개의 마음을 돌이킬 수 있는 방법이 무엇일지 생각하다 사장의 목소리가 녹음된 축음기를 들려주었다. 그러자 개의 표정이 밝아지기 시작했다.

주인의 무덤을 떠나지 않으며 먹이를 먹지 않았던 VICTOR 사장의 애견은 충견 중의 충견이었다. 그래서 VICTOR를 인수한 JVC는 충견을 회사의 마크로 사용하게 되었다.

충견의 이야기는 사람의 가슴속에 잔잔한 감동을 준다. 지금은 미물보다 못한 사람들이 많기 때문이다.

광주광역시 양림동 오거리에 정염의 효자 장려비 앞에 충견상이 있다. 한양을 오가며 주인의 심부름을 했던 충견을 석상으로 조각해서 집안의 효자비 앞에 세워둔 것이다.

일본 동경 신주꾸에도 충견비가 있다. 주인마님이 부엌에서 불을 때다가 지쳐서 잠들어 있는데 불이 주인마님의 옷에 붙어 오니 개가 자기 몸에 물을 적셔서 주인마님의 옷에 붙은 불을 끄다 죽어간 충견의 이야기가 전해 오고 있다.

110. 고양이와 개

사람이 가장 가까이 하는 에완 동물의 대표라 한다면 고양이와 개를 꼽을 수 있다. 개들이 흔히 집을 지키며 바깥에서 활동을 많이 하는 것에 반해 고양이는 주인의 안방에서 생활을 하며 주인과 가장 가까운 거리에 있다.

그러나 고양이와 개의 충성과 의리는 전혀 반대다. 충성스러운 고양이는 없어도 충성스러운 개는 많이 있다. 심지어 주인을 위하여 생명을 바치는 충견이 얼마나 많은가.

주인이 멀리 이사를 갈 때 개는 주인과 한 가족 식구로 이사를 한다. 그러나 고양이는 주인이 이사를 할 때 주인을 따라가는 법이 없다. 고양이는 자기가 살던 집을 지킨다.

전남 무안군 청계면 도대리에서 서소순 권사님은 동네에서 멀리 떨어진 외딴 집에서 사시다가 동네 중앙으로 이사를 했다. 거리가 2km쯤 되었다. 마침 고양이가 새끼를 낳았고 고양이의 습관을 잘 알고 있어서 저녁에 이사를 오면서 고양이 식구를 한 항아리에 담아서 왔다. 아침에 일어나보니 고양이가 없었다. 이상한 생각이 들어 옛날 살던 집을 찾아가 보니 이미 고양이는 새끼 4마리와 함께 집을 지키고 있었다. 고양이는 밤새껏 새끼들을 옛집으로 물어 날랐던 것이다.

요새 대형 교회들이 도시의 외곽으로 넓은 장소를 택하여 이전을 많이 한다. 성도들도 고양이처럼 집을 지키는 사람들이 있다. 물론 짐승과는 다르겠지만 가까운 거리와 그동안 정든 교회당을 버리지 못한 사람이 많다.

고양이가 날마다 주인과 가까운 거리에 있어도 주인과 의리를 지키는 것은 개다. 진돗개의 특성은 한 번 주인은 평생 주인으로 따르는 것이다. 진도에서 육지로 팔려간 진돗개가 6개월 만에 진도로 찾아온 일도 있었다.

신앙도 마찬가지다. 일생 동안 변함없이 충성하는 신앙이 하나님이 원하는 신앙이다.

111. 충견이야기

우리나라는 옛날부터 충성스런 개의 이야기가 많다.

1970년대에 전남일보에 실린 이야기다. 전남 순천에서 한 목사님이 진돗개 백구를 키우다 돌아가셨다. 그런데 그 진돗개는 365일 하루도 빠짐없이 동이 트면 주인의 무덤을 찾았다. 비가와도 눈이 와도 주인의 무덤을 찾은 그 진돗개는 충견 중에 충견이다.

1974년 3월, 고흥 제일 교회에서 사경회가 있는 주간이었다. 이른 아침, 읍내를 산보하는데 리어카에 쌀을 싣고 가는 사람들이 있었다. 그런데 이상하게 리어카를 따라오면서 짖어대는 셰퍼드가 한 마리 있었다. 쌀을 싣고 가는 사람들은 개가 자신들을 도둑 취급하는가 하는 생각에 화가 나서 개를 내쫓았다. 그런데 깜짝 놀랄만한 일이 있었다. 그것은, 쌀가마니가 계속 샜던 것이다. 쌀이 새어 나와서 길에 흘러나온 것을 본 개가 짖으면서 따라오고 있었던 것이다.

얼마 전 아파트 쓰레기장에 묵은쌀을 그대로 버리는 장면이 TV에 방연

된 적이 있다. 땅에 쌀이 떨어진 것을 보고 따라오면서 짖은 개가 현대의 이런 사람들 보다 낫지 않은가?

지금은 세계적으로 맹인들을 안내하는 안내견들이 있다. 개가 사람의 눈이 되고 길잡이가 되고도 있지 않은가.

충성된 사자는 그를 보낸 이에게 마치 추수하는 날에 얼음냉수 같아서 능히 그 주인의 마음을 시원케 하느니라. [잠언25:13]

네가 죽도록 충성하라 그리하면 내가 생명의 면류관을 네게 주리라. [계2:10]

112. 흡혈박쥐

박쥐는 독특한 특징을 가진 동물이다. 눈은 퇴화하여 전혀 볼 수 없지만 귀에서 초음파를 들을 수 있어 어느 곳이든 통과할 수 있다. 깃털이 없는데 날 수 있는 날개가 있다. 그리고 겨울에는 겨울잠을 잔다. 국내의 박쥐는 곡식도 먹고 곤충도 잡아먹는다.

외국에는 사람이나 동물의 피만 빨아 먹는 흡혈박쥐가 있다. 흡혈박쥐 몇 마리가 어린아이를 공격하면 어린아이는 생명을 잃는다. 흡혈박쥐들은 농장의 동물들을 주로 공격 대상으로 삼는다. 아무리 큰 짐승들이라도 흡혈박쥐 떼의 공격을 받으면 짐승들도 치명상을 입는다. 그래서 서양에서는 흡혈박쥐를 악마로 비유하였다. 서양에서 제일 싫어하고 저주하는 짐승이 박쥐다.

흡혈박쥐는 배 속에 피가 없으면 얼마 못 가서 죽는다. 그래서 짐승을 공격하면 배가 풍선처럼 부풀어 오르도록 피를 마신다. 사람들은 박쥐를 가장 경멸하고 저주하지만 실제로 박쥐는 동료애가 가장 많은 짐승이다. 다른 박쥐가 굶주려 죽어가면서 자기 뱃속의 피를 토하여 반드시 동료의 생명을 살리기 때문이다.

포식자의 동물 중에는 동료의 사체를 먹는 것은 너무 흔한 일이다. 그리고 경쟁자를 물리치기 위해서는 동료를 죽이는 것은 평범한 일이다.

아무리 무서운 짐승도 짐승 이하는 되지 않는다. 그러나 사람의 사탄의 지배를 받으면 가장 악하고 무서운 살육자로 변한다. 히틀러는 성장 과정에서부터 유대인을 경멸하여 유대인 600만 명을 독가스로 죽이고 그들의 시체로 비누를 만들었다. 인류 역사상 이보다 더 큰 죄악은 없었다.

사람의 마음속에 하나님이 떠나 버리면 흡혈박쥐보다 더 무서운 악마의 화신 이 될 수 있다. 바로 왕이 유대인의 어린아이들을 집단 살해하였다. 네로왕은 로마에 불을 지르고 기뻐하였다. 그리고 그 책임을 기독교인들에게 돌리고 수많은 기독교인들을 죽였다. 하나님의 형상을 잃어버린 인간들에게 성경이 주는 교훈이 있다.

인생에게 임하는 일이 짐승에게도 임하나니 이들에게 임하는 일이 일반이라 다 동일한 호흡이 있어서 이의 죽음 같이 저도 죽으니 사람이 짐승보다 뛰어남이 없음은 모든 것이 헛됨이로다 [전 3:19]

113. 문어

옛날 먹물이 있기 전에 선인들은 문어의 먹물로 글을 썼다. 문어는 글을 쓴 고기라고 하여 문어(文魚)라고 불렀다. 지금도 문어의 먹물로 글을 써보면 먹물보다 좋다고 한다. 문어의 먹물은 원래 문어가 적으로부터 자신을 방어하기 위해 적의 공격에 먹물을 뿜어서 시야를 흐리게 하여 자신을 보호하는 수단으로 사용했다.

지금은 문어를 여자들 강장제로 많이 사용하기도 한다. 오끼나와에서는 먹물을 가진 문어, 낙지, 꼴뚜기가 장수 식품으로 최고로 각광받고 있다. 실제로 문어의 먹물은 사람의 인체에 전혀 독이 없음이 밝혀졌다.

낙지나 꼴뚜기의 먹물은 너무 소량이어서 사용하기 힘들지만 큰 문어의 먹물은 옛날 선비들에게 긴요하게 사용되었다. 지금은 강장제의 최고 식품으로 인기가 높지만 문어의 숫자가 너무 줄어들어 어부들에게 경제성이 점점 떨어지고 있다.

우리나라에는 큰 문어들은 별로 없지만 열대지방에서 대형 문어가 사람을 공격하면 문어의 발에 있는 빨판의 압축으로 사람이 꼼짝 못하고 생명을 잃기도 한다. 문어는 입으로만 영양을 섭취하는 것이 아니라 발에 흡입기가 있어서 모든 발에서도 영양을 섭취할 수도 있다.

그런데 지금은 문어가 지진 예보관으로 유명하다. 육지의 많은 생물들이 지진이 일어날 것을 미리 아는데 지진이 일어나기 며칠 전부터 문어는 연안 바다, 수심이 낮은 곳으로 몰려온다고 한다. 분명히 지진이 있기 며칠 전부터 땅에서는 지진의 운동이 일어나고 있으며 그것은 동물들이나 문어 같은 특별한 고기들이 그 파장을 감지하는 능력이 있기 때문인 것 같다.

주님께서 너희는 하루의 일기는 알면서 왜 시대의 징조를 모르는가 탄식을 하셨다. 주님이 다시 오실 때에 각처에서 지진이 일어나고 난리가 그치지 않고 기근이 있을 것을 성경은 이야기해주고 있다.

114. 개미와 베짱이

옛날 초등학교 교과서에 실린 '개미와 베짱이' 이야기는 누구나 다 알 것이다. 개미는 여름에 열심히 일하여 겨울에 먹을 것을 예비하였고 베짱이는 여름에 노래만 부르고 지내가 겨울을 준비하지 못했다는 이야기다.

개미의 근면성을 교육하기 위한 우화지만 대한민국 교과서에 실린 교육용 이야기로서는 너무나 모순된 이야기다. 우리는 이런 잘못된 교육 속에서 자라왔다.

현대판 개미와 베짱이 이야기를 누가 만들었다. 완전히 반대의 내용이다.

개미는 일을 너무 많이 하여 디스크로 고생을 하는데 베짱이가 부른 노래는 히트를 하여 큰 돈을 벌었다는 것이다. 우화도 세월에 따라 변화되어 가고 있다.

개미의 특징은 첫째 근면성이다. 자기 몸무게의 3배를 물고 다닐 수가 있다. 개미의 근면성은 동시에 지혜를 상징한다.

"곧 힘이 없는 종류로되 먹을 것을 여름에 예비하는 개미와" [잠언

30:26]

"게으른 자여 개미에게로 가서 그 하는 것을 보고 지혜를 얻으라 개미는 두령도 없고 간역자도 없고 주권자도 없으되 먹을 것을 여름 동안에 예비하여 추수 때에 양식을 모으니라" [잠언 6:6-8]

개미의 특징은 둘째 잡식성이다. 무엇이든지 먹어 치우는 청소부다. 먹이 사슬의 제일 밑바닥에서 모든 것을 먹어 치운다.

개미의 특징은 셋째 인간에게 해를 입히는 해충이다. 개미집은 곡식을 말라 죽게 하고 심지어 과수도 말라 죽게 한다. 그중에서도 개미는 진딧물과 공생관계를 가지고 산다. 진딧물의 배설물을 좋아하며 진딧물을 다른 곳으로 옮겨 주기도 한다. 진딧물이 있는 곳에는 개미가 반드시 있다.

곤충학자 파브르는 개미에게 가장 피해를 입은 동물은 매미라고 하였다. 매미는 나무에 구멍을 뚫고 수액을 빨아 먹고 사는데 개미들이 매미가 뚫어 놓은 수액을 차지하기 위하여 매미를 쫓아낸다. 매미는 개미가 귀찮게 하면 그 자리를 떠나버린다.

개미는 부지런한 근면성도 있지만 남의 먹이까지 가로채는 이중성도 있다. 성도에게는 하나님 앞에서나 사람 앞에서 두 얼굴이 없을까. 마치 개미처럼 말이다.

115. 회귀

　민물고기 중 회귀의 본능을 가진 것이 세 가지 있다. 첫째 연어다. 우리 나라의 연어는 남대천을 중심으로 어린 치어가 봄에 바다로 흘러가는데 태평양을 지나 알류산 열도를 돌아오는데 4년이 걸린다. 4년 만에 고향 땅으로 돌아와 산란을 하고서 죽음을 맞이한다. 연어는 태어났던 고향으로 다시 돌아오는 4년이 자신의 생애다.

　둘째 은어다. 은어는 태평양 바다로 나아가 산란을 하며 치어들이 어미의 고향으로 되돌아온다. 은어는 봄에 올라와 성어가 되면 가을에 바다로 나간다. 은어의 생애는 1년이다.

　셋째 민물장어다. 장어의 수명은 어느 정도 되는지 알 수 없다. 장어도 은어처럼 치어가 어미의 고향으로 돌아오는데 장어는 성어가 되기까지 몇 년이 걸린다. 성장한 장어가 태평양 심해로 가서 산란을 하는데 학자들도 아직까지 장어의 알을 본 사람이 거의 찾아보기 힘들다고 한다.

　동물학자들은 고기들이 자신의 고향의 흙냄새를 절대로 잊지 않고 반드시 자기 고향으로 되돌아온다고 한다.

영산강 하구언 방조제가 생기고 목포–해남 화원 반도의 방조제가 생긴 이후 바다에 큰 이상이 생겼다. 강물 따라 올라오던 숭어나 수많은 어종이 갈 길을 잃어버린 것이다. 그래서 방조제 앞에는 물고기가 많았고 전국의 태공들이 몰려들었다.

만물의 영장인 사람들도 누구나 고향을 그리워한다. 유대인들은 바벨론에서 고향 땅을 그리워하며 눈물을 흘렸다. 하나님은 약속대로 70년 만에 그들을 고향으로 인도하셨다.

성도의 고향은 하늘나라다.

저희가 이제는 더 나은 본향을 사모하니 곧 하늘에 있는 것이라. 그러므로 하나님이 저희 하나님이라 일컬음 받으심을 부끄러워 아니하시고 저희를 위하여 한 성을 예비하셨느니라. [히브리서11:6]

우리 아버지 이영하 목사님

우리 아버지는 좀 답답한 분이다.

아버지께서 목회를 하셨던 교회마다 부흥이 되었다. 힘들었던 미자립교회가 자립교회로 바뀌었고, 가는 곳마다 교회 건물 건축을 하였다. 그러면 얼마든지 안정적인 리더십을 가지고 건강한 목회를 할 수가 있는데, 안정이 되면 목회지를 옮기셨다. 전남 영광에서 목회를 하시던 중, 신학교 졸업여행을 제주로도 갔는데, 제주도의 척박한 환경을 보고는, 곧장 교회에 사표 쓰고, 제주도로 선교하러 떠나셨다. 30대 말에 전남 신안에서 목회하실 때, 교회도 꽤 안정적이었고, 곧 있으면 노회장을 하셔야 하는데, 불현듯, 광주로 개척하러 떠나셨다. 요즘 목회자들이 볼 때는 전혀 이해가 되지 않는 모습일 정도로 현실에 안주하지 않은 '답답한' 모습이 있었다.

우리 아버지는 고생을 참 많이 하셨다.

교회를 건축할 때도 늘 직접 노가다를 뛰셨다. 인권비를 절약을 하는 길은 이길 밖에 없었다. 몇 번 건축을 하시더니, 이제는 거의 건축가 수준이 되어 버렸다. 광주에서 교회 개척하고 건축이 다 끝나고, 교회도 부흥하면서 이제는 조금 편히 목회를 하실 수 있으셨는데, 그때 부터는 매일 교회에서 주무셨다. 아버지의 수면 시간은 매우 짧았다. 늘 피곤한 삶을 사셨다. 교회가 안정기에 올라오자, 틈만 나면 중국, 태국, 파라과이 등으로 선교하기 바쁘셨다. 대형교회도 하기 힘든 교회 건축 등의 사역을 많이 하셨다. 사서 평생을 고생을 하신 분이다.

우리 아버지는 절대 타협이 없었다.

신학교 시절에 호남 지역 중심으로 교단이 분리될 때, 시골교회를 홀로 끝까지 지키셨다. 지역 어른 목사님들의 협박에도 굴하지 않고, '합동'이라는 교단을 끝까지 사수하신 분이다. 교회를 개척해서 교회가 한창 부흥이 될 때, 참 많은 교인들이 새로 등록이 되었다. 그들 중에는 '장로'를 노리고 오는 분들도 많았다. 충분히 비위 맞춰 가면서, 교회에 도움이 되는 일꾼으로 만들 수 있었겠지만, 그것을 하지 않으셨다. 교인들이 틀리면, 틀렸다고 꼭 정확히 이야기하셨다. 꼼수는 절대로 받아들이지 않으셨다. 심지어 노회 때는, 장로님들이 법대로 따르지 않을 때, 눈물 나게 혼을 내시기도 하셨다. 아버지는 진리에 상충되는 일에는 결코 타협하지 않으셨다.

기도로 승부 거셨다.

우리 아버지는 기도의 사람이셨다. 목회의 시작과 끝은 기도로 설명이된다. 교회 건축도 기도로만 하셨고, 건축 이후, 교회 부흥도 오직 강단 기도로 하셨다. 30년 이상을 교회에서 매일 주무셨다. 그리고 시간 날 때마다 산에 가서서 기도하셨다. 최근까지도 산에서 철야기도를 매일 하셨다. 최근 목회자들이 기도 없이 인간적 방법으로 목회하는 것에 대해서 매우 불쾌해하셨다. 기도하면, 믿음대로 되는 것을 아버지는 늘 체험하셨고, 확신하셨다.

자녀 양육은 오직 믿음으로만 하셨다.

아버지는 1남 3녀의 자녀를 양육하셨다. 잦은 교회 건축, 목회지 이동, 그리고 교회 개척까지. 경제적으로 언제나 좋지 않았다. 늘 자녀들은 식구들 많은 것이 불만이었다. 자녀들은 성장기에 제대로 된 학원이나 사교육 없이 자라야만 하였다. 그러함에도 불구하고 아버지는 오직 기도하면서 자녀들 뒷바라지를 하셨다. 제대로 된 사교육 지원 사격 없이, 외부 도움없이 자녀들이 공부하였지만, 하나같이 공부를 잘 하였다. 그리고 세상적으로도 모두 잘 풀렸다. 자녀들의 모습만 보고 있노라 하면, 주변 목사님들과 친지들이 아버지를 가장 부러워하였다.

우리 아버지가 이영하 목사님이다.

그렇다. 우리 아버지 존함이 '이영하'다. 세상에 하나 뿐인 아버지, 평생 예수님 쫓아서 오직 목회에만 전념하신 우리 아버지. 그러면서도 늘 자녀들을 사랑하셨던 우리 아버지. 그래서 하나님께서 자녀들을 크게 축복하셔서, 모두가 행복하게 예수 믿으며, 모두가 주님의 일을 잘 감당하고 있다. 아들 이정현 목사 (자부 정마리 사모)는 서울에서 담임 목회를 하고 있으며, 큰 사위 홍성범 장로 (딸 이지현 집사)는 병원 원장으로, 둘째 사위 김영호 목사 (딸 이미현 사모)는 광주에서 담임 목사로, 셋째 사위 박현민 집사 (딸 이수현 집사)는 의사로 재직 중이다. 우리 아버지는 우리 자녀들의 축복의 통로이신 것이다.

믿음의 본이 되신 우리 아버지 말로, 진정한 믿음의 사람이시다.

저자: 이영하 목사

이영하 목사는 40 여 년간 주님만 바라보고 목회하였고, 은퇴 후, 시골에서 자연과 함께 한적한 삶을 보내고 있다. 1남 3녀 자녀를 믿음으로 잘 양육하여, 아들과 둘째 사위는 담임 목회를 하고 있고, 첫째와 셋째 사위는 의사로 재직 중이다.

광주 백향교회 원로 목사
전남 노회 증경 노회장
저서: 믿음의 사람들(베다니)